DIE STADTGÄRTNER
Frisch aus dem
HOCH
DAS PRAXISBUCH
BEET
Genießer-Beete zum Nachgärtnern. Mit Schrittfotos und Pflanzplänen
EMF
EIN BUCH DER
EDITION MICHAEL FISCHER

Cocktailbar

# INHALT

Für mehr Grün
im Grau
Für mehr Grün
im Grau
Für mehr Grün
im Grau

# HALLO **GARTENFREUND,**

es gibt so viele gute Gründe zum Gärtnern. Die frische Luft zum Beispiel oder die reiche Ernte. Genau zu wissen, wo das Gemüse herkommt, und die Fähigkeit, sich selbst zu versorgen, sind ebenfalls gute Argumente, um jetzt gärtnerisch aktiv zu werden. Vor allem ist eines ganz sicher: Gärtnern ist gut für die Seele!

Wenn du bisher Ausreden vorgeschoben hast wie »Ein Garten macht zu viel Arbeit«, »Ich habe aber nur so wenig Platz« oder »Ich habe leider keine Ahnung vom Gärtnern«, dann sagen wir dir: Alles Quatsch! Jetzt, da du dieses Buch in den Händen hältst, gibt es keine Entschuldigung mehr. Denn wir präsentieren dir die ultimative Lösung: Das Hochbeet!

Ein Hochbeet lässt sich ganz unterschiedlich gestalten und kann für das eigene Umfeld individuell angepasst werden. Den Plan für die richtige Bepflanzung haben wir für dich gemacht. In diesem Buch zeigen wir dir 5 Hochbeete, die du direkt umsetzen kannst und geben dir Beispiele, was du mit deiner reichen Ernte alles anstellen kannst.

Du liebst frische Limonaden und spritzige Cocktails? Den Winter überlebst du nicht ohne Schränke voller Einmachgläser? In der Küche verfeinerst du deine Gerichte gerne mit frischen Kräutern? Oder bist du doch eher der Typ Kräuterhexe und interessierst dich für deren heilende Kräfte? Egal, wonach dir der Sinn steht – in diesem Buch wirst du die passende Gestaltungsidee für dein Hochbeet finden.

Also, schwing die Schaufel, erhebe die Gießkanne und du wirst schon bald die Früchte deiner Arbeit genießen!

Viel Spaß beim Gärtnern und eine reiche Ernte wünschen dir

*Die Stadtgärtner*

Salatglück
Grillmeister
Fuddern Muddern

Superfood
Hausapotheke

# VORTEILE EINES *Hochbeets*

***Alles hat Vor- und Nachteile. Wirklich alles? Das bezweifeln wir. Hier kommen sieben gute Gründe, warum du dir auf jeden Fall ein Hochbeet anschaffen solltest. Lies und überzeuge dich selbst.***

## #1: EIN HOCHBEET IST GUT FÜR DIE HALTUNG

Vor etwa drei Millionen Jahren hat sich der Mensch aufgerichtet. Höchste Zeit also, dies auch bei der Gartenarbeit zu tun. Jeder, der schon einmal auf Knien robbend mühselig seinen Garten von Unkraut befreit hat, weiß, wovon wir reden. Gärtnern kann ganz schön auf den Rücken gehen. Nicht so das Gärtnern in einem Hochbeet! In aufrechter Haltung kannst du zukünftig ganz bequem im Beet buddeln und graben. Ergonomisch gärtnern also – eine Wohltat für Rücken und Knie!

## #2: EIN HOCHBEET FUNKTIONIERT ÜBERALL

Ein Hochbeet kann überall aufgebaut werden! Im Garten, auf dem Kiesweg, auf der Steinterrasse oder auch auf dem Balkon – überall kannst du gärtnern. Selbst gebaute Hochbeete können außerdem perfekt in jede noch so kleine Ecke gezimmert werden. Die Hochbeete in diesem Buch haben übrigens eine Größe von 120 x 80 cm, entsprechen also genau der Größe einer Europalette.

### TIPP VON DEN STADTGÄRTNERN

**Achtung! Auf dem Balkon gilt es natürlich, die maximal zulässige Traglast nicht zu überschreiten. Du kannst sie beim Vermieter oder der Hausverwaltung erfragen. Verwende auf dem Balkon am besten leichte Füllstoffe wie Perlit. Noch besser für den Balkon geeignet sind Hochbeet-Tische. Sie werden nur mit wenig Erde befüllt und sind deshalb viel leichter als ein konventionelles Hochbeet.**

## #3: EIN HOCHBEET IST DEKORATIV

Eine Holzkiste, naturbelassen, selbst gezimmert oder aus Aufsatzrahmen mit Metallstecksystem zusammengesetzt. Ein Hochbeet sieht schick aus! Zum Stil deines Gartens oder deiner Veranda passend ausgesucht, wird es die Umgebung optisch aufwerten. Natürlich kannst du dein Hochbeet auch selber bauen. Entscheidest du dich für die Marke Eigenbau, kannst du es voll und ganz nach deinen Vorstellungen herstellen. Verschiedenste Materialien wie Holz, Stein, Metall oder Kunststoff eignen sich zum Bau eines Hochbeets und auch die Größe kannst du individuell anpassen.
Geht die Gartensaison dann erst einmal los und die ersten frischen Kräuter und Gemüsepflanzen überragen den Rand deines Hochbeets, werden deine Freunde Augen machen. Richtig prächtig steht das Beet nun da und überzeugt nicht nur durch knackiges Gemüse, sondern dekoriert auch deinen Garten!

### TIPP VON DEN STADTGÄRTNERN

**Auch praktisch: Als Sichtschutz verdeckt dein Hochbeet unappetitliche Komposthaufen oder schützt dich vor (mal wieder viel zu) neugierigen Nachbarn.**

## #4: EIN HOCHBEET VERLÄNGERT DIE GARTENSAISON

Und noch eine gute Nachricht für alle Gartenfreunde: Die Gartensaison geht ab sofort vom Vorfrühling bis in den Winter hinein. Einzige Voraussetzung: Du besitzt ein Hochbeet. Durch die verschiedenen Schichten im Inneren des Beets stellt sich von ganz alleine der Prozess der Kompostierung ein. So entsteht Wärme im Beet. Du kannst dir dies wie eine Art Heizung vorstellen, die von innen heraus strahlt. Weil die »Heizung« den Pflanzen unabhängig von der Außentemperatur Wärme spendet, kannst du mit dem Gärtnern im Hochbeet schon sehr viel früher im Jahr beginnen und musst sehr viel später erst wieder damit aufhören! Wenn die Außentemperaturen bereits sinken, kann noch bedenkenlos gegärtnert werden. Stattest du dein Hochbeet dann noch mit einem Dach aus, bist du gegen den ersten Frost bestens gerüstet.

## #5: EIN HOCHBEET SCHÜTZT VOR SCHÄDLINGEN

Sie sind manchmal lästig, die kleinen Tiere im Garten. Wühlmäuse und Nacktschnecken graben sich durch die Beete oder knabbern die Blätter der gerade erst gepflanzten Roten Bete ab. Aber nicht bei dir, denn du hast ein Hochbeet! Allein durch die Höhe ist ein gewisser Schutz vor Schädlingen schon gegeben. Außerdem kannst du zusätzliche Vorkehrungen treffen. Das fängt schon beim Bau des Hochbeets an. Ein engmaschiges Drahtgeflecht am Boden des Hochbeets hält Wühlmäuse davon ab, von unten ins Beet zu kriechen. Wenn du gegen Schnecken auf Nummer sicher gehen willst, ist ein sogenanntes Schneckenblech um den Rand des Hochbeets eine gute Lösung. So bleiben die unwillkommenen Gäste garantiert fern!

### TIPP VON DEN STADTGÄRTNERN

**Bitte kein Salz streuen! Nicht nur, dass die Plagegeister bei dieser Methode sehr qualvoll sterben – auch die Pflanzen in unmittelbarer Umgebung würden die Tortur nicht überleben. Denn Salz entzieht allen Organismen das Wasser. Wenn du Schnecken mit Hausmitteln bekämpfen willst, solltest du lieber auf Kaffee zurückgreifen. Einfach Kaffeesatz um die Pflanzen ausstreuen oder einen starken Kaffee mit Hilfe eines Luftzerstäubers auf die Pflanzen sprühen. Nicht vergessen, die Pflanzen vor dem Verzehr gut zu waschen! Sind viele Schnecken unterwegs, hilft aber nur das Absammeln.**

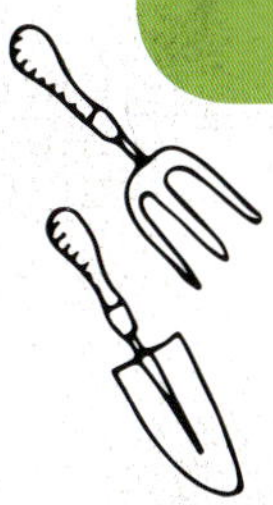

## #6: EIN HOCHBEET ERHÖHT DEN ERTRAG

Es ist kein Gerücht, sondern die wunderbare Wahrheit. Wer ein Hochbeet hat, kann mit reichen Erträgen rechnen. Natürlich spielen äußere Faktoren wie das Wetter ebenfalls eine Rolle, aber mit einem Hochbeet schaffst du schon einmal die perfekte Grundlage. Der Boden steckt voller Nährstoffe, Wärme kann perfekt gespeichert werden und vor Staunässe braucht man keine Angst zu haben. Auch übermäßiges Regenwasser fließt problemlos nach unten hin ab. Wer seinen Pflanzen, Kräutern und Gemüse ein Paradies schaffen will, ist mit einem Hochbeet auf jeden Fall auf dem richtigen Weg!

## #7: EIN HOCHBEET IST GANZ UND GAR »BIO«

Gemüse aus eigenem Anbau. Ohne Pestizide, biologisch und regional. Klingt gut, oder? Mit einem Hochbeet kannst du dir genau das selbst schaffen. Weil du den Prozess von Beetvorbereitung über Anbau, Pflege und Düngung bis hin zur Ernte selbst in der Hand hast, kannst du dir immer sicher sein: Dein Gemüse ist durch und durch »bio«. Wir finden: das schmeckt man auch!

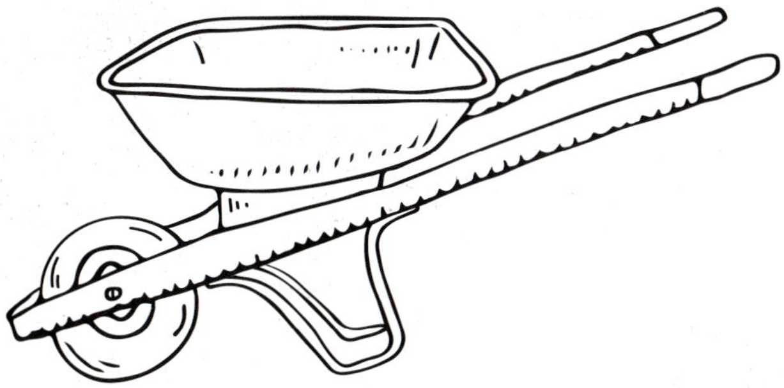

# HOCHBEET-CRASHKURS

## ART DES HOCHBEETS

***Elegant, rustikal oder ganz natürlich. Für den kleinen Geldbeutel oder hochwertig. Selbst konstruiert oder als Schnellbaukasten. Es gibt unendlich viele Arten von Hochbeeten. Für welches du dich entscheidest, hängt nicht nur von deinem Geschmack ab, sondern auch von den Gegebenheiten des Umfelds.***

| Material | Pro | Contra |
|---|---|---|
| Holz | + auch preisgünstig erhältlich (Kiefernholz)<br>+ einfacher Auf- und Abbau<br>+ individuelle Gestaltungsmöglichkeiten mit Farbe | – relativ kurze Lebenszeit von einigen Jahren<br>– muss zum Schutz vor Nässe/Feuchtigkeit regelmäßig mit Holzlasur behandelt werden |
| Kunststoff | + gutes Preis-Leistungs-Verhältnis<br>+ sehr witterungsbeständig<br>+ einfacher Transport, da leichtes Material<br>+ große Auswahl an Zubehör (wie Schneckenschutz, Aufbauten etc.)<br>+ leichte Montage, da als Bausatz oder »aus einem Guss« erhältlich | – häufig nicht besonders schick im Aussehen<br>– meist nicht nachhaltig bei Produktion und Entsorgung |
| Stein/Beton | + sehr langlebig<br>+ kann dem Umfeld angepasst werden, Aufbau auch in Hanglage an Hängen/Hügeln möglich | – aufwendig im Auf- und Abbau<br>– sollte gut geplant sein, da praktisch unverrückbar<br>– teuer, wegen umfassender Planung und individueller Umsetzung<br>– benötigt ein frostsicheres, ausreichend tiefes und tragfähiges Fundament |
| Metall | + sehr langlebig<br>+ stylisches Aussehen: Rohstahlplatten bilden schnell eine schöne rostfarbene Patina | – Metallwände unbedingt mit Styroporplatten oder Styrodur isolieren, da Wurzeln bei Sonneneinstrahlung verbrennen können |
| Materialkombination | + noch vorhandenes Material sinnvoll nutzen<br>+ kreative, individuelle Gestaltungsmöglichkeiten<br>+ stylisches Aussehen: Mix aus Holz + Metall | – man muss selbst aktiv werden<br>– benötigt etwas Zeit und Aufwand in Planung und Aufbau |

## DER RICHTIGE STANDORT

Let the sun shine! Die meisten Gemüsearten und Kräuter sind Sonnenanbeter. Deshalb solltest du für ein Nutzpflanzen-Hochbeet optimalerweise einen vollsonnigen Standort auswählen und die Längsseite des Beets in Nord-Süd-Ausrichtung aufstellen. So profitieren alle Reihen gleichmäßig von der Sonne und die Pflanzen beschatten sich nicht gegenseitig. Vollsonnig bedeutet, dass die Pflanzen mindestens sechs Stunden am Tag der prallen Sonne ausgesetzt sind. Deine Auswahl an Pflanzen an einem vollsonnigen Standort ist groß und reicht von Küchen- und Teekräutern wie beispielsweise Koriander und Basilikum über Fruchtgemüse wie Tomaten, Zucchini und Paprika bis hin zu allen Kohlsorten, Radieschen, Möhren, Zwiebeln und Knoblauch.

Alle fünf Beete in diesem Buch sind mit sonnenliebenden Arten bepflanzt. Ein vollsonniger Standort wäre ideal für die Beete. Aber keine Sorge: Auch, wenn du nur einen halben Tag Sonne bieten kannst, musst du nicht auf ein Hochbeet verzichten. Zwar ist die Auswahl an Pflanzen etwas kleiner, aber immer noch groß genug für abwechslungsreichen Kräuter- und Gemüsegenuss. Die Beete »Hausapotheke«, »Kräutergarten« und »Cocktailbar« lassen sich zum Beispiel auch an einem halbschattigen Standort bedenkenlos umsetzen.

# DIE FÜLLUNG – SCHICHT FÜR SCHICHT

**Step by Step. Oder in diesem Fall eher: Schicht für Schicht. Denn nach diesem Prinzip solltest du dein Hochbeet befüllen. Weil sich dafür Gartenabfälle und Grünschnitt wie Zweige und Äste sehr gut eignen, findet das Anlegen des Hochbeets idealerweise im Frühjahr oder Herbst statt. Wir zeigen dir, wie du dein Hochbeet in nur drei Schritten optimal befüllst. Der Grundsatz lautet: Die Füllung sollte nach oben hin immer feiner werden.**

**TIPP**

*Bevor es losgeht: Um Wühlmäuse von deinem Beet fernzuhalten, lege ein engmaschiges Gitter am Boden des Beets aus!*




## SCHRITT 1: DIE UNTERSTE SCHICHT

Starte mit grobem Material wie Baum- und Heckenschnitt. Äste, Zweige oder verblühte Sonnenblumen und Staudenstängel bilden eine gute Drainage. Sie verhindert, dass sich am Boden Wasser ansammelt und es zu Staunässe kommt. Sei hierbei nicht zimperlich! Klettere zwischendurch ruhig mal ins Beet und verdichte die unterste Schicht mit deinen Füßen. So stellst du sicher, dass der Beetinhalt später nicht zu sehr zusammensackt. Ganz verhindern lässt sich das nicht, denn das Material in den unteren Schichten verrottet nach und nach.

## SCHRITT 2: DIE MITTLERE SCHICHT

Jetzt geht es ans Eingemachte! Die mittlere Schicht sollte etwa 20 bis 30 cm dick sein und aus angerottetem Kompost, Laubschnitt und Rasensoden bestehen. Der Kompost sollte im Zersetzungsprozess zwar schon fortgeschritten sein, er darf aber gerne noch einige gröbere Stückchen beinhalten. Diese zersetzen sich dann nach und nach im Beet. Wer selbst kompostiert, sollte unbedingt darauf achten, dass er weder Fisch- noch Fleischreste verwendet und alle Bestandteile des Komposts biologisch abbaubar sind. Auch Häckselgut kann hier verwertet werden. Durch die so herbeigeführte kontinuierliche Zersetzung der mittleren Schicht werden immer wieder Nährstoffe an den Boden abgegeben.

## SCHRITT 3: DIE OBERSTE SCHICHT

Feiner, vollkommen verrotteter Kompost, vermischt mit frischer Pflanzenerde – das ist die perfekte Kombination für die oberste Schicht des Hochbeets. Also, ab ins Beet damit und fertig!

### TIPP VON DEN STADTGÄRTNERN

**Du hast nicht genug Füllmaterial zur Hand? Dann frag Nachbarn, Bekannte oder den nächstgelegenen Kleingartenverein. Viele Leute sind dankbar, wenn sie Gartenabfälle umsonst loswerden. Wenn du nicht ausreichend Schnittgut auftreiben kannst, kannst du für die untere Schicht auch Perlit oder Nadelholzschnitzel verwenden. Zum Kompost: Dieser wird bei Ebay-Kleinanzeigen oft verschenkt oder du kannst ihn bei den örtlichen Entsorgungsbetrieben günstig kaufen.**

70 L
(EN 12580)
LV-117
HT

# HOCHBEET INSTAND HALTEN

**In erster Linie ist natürlich das Material ausschlaggebend für die Lebensdauer deines Hochbeets. Während Stein praktisch »ewig« hält, ist Holz viel anfälliger und verrottet nach einigen Jahren. Unabhängig davon ist es aber auch eine Frage der Pflege, wie lange du Freude an deinem Beet haben wirst. Denn du kannst natürlich auch einiges tun, um dein Beet instand zu halten und so die Lebenserwartung zu verlängern. Hier kommen ein paar Tipps und Tricks für die optimale Pflege.**

## MATERIALPFLEGE

Entferne regelmäßig Schmutz, Erde, Moos oder was sich sonst an der Beetwand festgesetzt hat und dort nicht hingehört. Wer sein Beet sauber hält, entlastet das Material und sorgt nicht zuletzt weiterhin für den dekorativen Charakter seines Hochbeets. Grobe Verschmutzungen an Steinwänden sind eine Aufgabe für den Hochdruckreiniger. Dein Holzbeet kann ruhig jedes Jahr einen neuen Anstrich mit einem umweltfreundlichen Holzschutzmittel vertragen. So schützt du das Material vor Feuchtigkeit und erhöhst die Lebensdauer deutlich!

## MATERIAL ERNEUERN UND AUSBESSERN

Ein Hochbeet hält nicht ewig. Gerade Hochbeete aus Holz verwittern mit der Zeit. Die ersten morschen Bretter bedeuten allerdings nicht, dass du sofort dein ganzes Hochbeet erneuern musst. Sei kreativ! Durch kleine Reparaturen kannst du den Austausch ganzer Bretterwände deutlich hinauszögern.

## WINTERSCHUTZ

Wenn sich die Gartensaison dem Ende zuneigt, solltest du auf jeden Fall die oberste Schicht mit leichtem, also noch nicht 100% zersetztem, Kompost anreichern. Dafür den Kompost ins Beet füllen und mit der oberen Schicht vermischen. Auch die Zugabe von Hornspänen eignet sich an dieser Stelle, um den Boden fürs nächste Jahr vorzubereiten. Die Düngung im Spätherbst sorgt für einen nährstoffreichen Boden im Folgejahr.
Für die kommenden, kalten Wintermonate schützt eine Beetabdeckung vor unnötiger Wetterbelastung und Verwitterungen. Netter Nebeneffekt: Die Nährstoffe in der Erde hältst du mit einer verdunkelnden Abdeckung ebenfalls im Beet, sodass die Bodenbeschaffenheit über die kalten Monate nicht übermäßig an Qualität einbüßt.

## NACHFÜLLEN

Die Erde im Hochbeet wird mit der Zeit etwas absinken. Dies bringt der natürliche Verfalls- und Kompostierungsprozess in den unteren Schichten des Beets mit sich und ist nicht weiter tragisch. Sorge einfach dafür, dass das Beet zum Anfang der Gartensaison mit frischer Erde aufgefüllt wird. Das sorgt gleichermaßen für neue Nährstoffe und eine feinkrümelige Bodenbeschaffenheit zum Start in die neue Gartensaison. Optimal wäre es, wenn du in diesem Schritt wieder etwas Komposterde unter die Blumenerde mischst. Zusätzliche Nährstoffe sind immer willkommen! Trotz guter Pflege: Alle fünf bis sieben Jahre solltest du die Füllung einmal komplett erneuern.

### TIPP VON DEN STADTGÄRTNERN

**Freu dich über Regenwürmer in deinem Beet! Sie lockern den Boden auf und reichern ihn mit feinstem Dünger an – ganz natürlich! Du kannst dir auch Regenwürmer kaufen und in deinen Beeten aussetzen. Die fleißigen Würmer fühlen sich in ihrem neuen Zuhause bestimmt wohl und werden es dir mit tüchtiger Bodenarbeit danken.**

# PALETTEN-HOCHBEET
## als Schnellbaukasten

*Die Hochbeete in diesem Buch sind aus Paletten mit Aufsatzrahmen gefertigt. Jedes Hochbeet lässt sich schnell, unkompliziert und günstig nachbauen. Die Maße betragen 120 x 80 cm. Die Höhe ist variabel und kann der eigenen Körpergröße angepasst werden. Zum bequemen Arbeiten empfehlen wir, drei bis vier Aufsätze zu verbauen.*

**DAS BRAUCHST DU**

- 3 bis 4 Aufsatzrahmen für Paletten
- 1 Europalette
- 1 engmaschiges Gitter
- ca. 5 $m^2$ Unkrautschutzvlies
- Tackerpistole oder Hammer und Nägel
- Holzlasur

## Und so geht's

### SCHRITT 1
Wer ein Hochbeet plant, hat sicher schon einen Standort dafür im Kopf. Entscheide zuerst, wo dein Hochbeet stehen soll und bestimme die Ausrichtung deines Hochbeets. Hast du den genauen Platz festgelegt, kannst du mit dem Aufbau beginnen. Lege hierfür zunächst die Europalette auf den Boden, wobei du Unebenheiten vorher grob ausbessern solltest.

### SCHRITT 2
Nun kannst du bereits den ersten Aufsatzrahmen aufklappen und mit den Scharnieren nach unten auf die Europalette setzen. Dies sollte ganz problem- und gewaltlos gehen, die Aufsätze passen nämlich perfekt auf die Europalette.

### SCHRITT 3
Bevor du die weiteren Aufsätze aufbaust, solltest du den Wühlmausschutz auf den Boden des Hochbeets legen. Schneide dafür einfach das Gitter mit einer Zange in die richtige Größe. Die Seiten können ruhig etwas hochgebogen werden.

### SCHRITT 4
Setze die Aufsätze nach und nach aufeinander – am besten klappt dies zu zweit. Die Anzahl der Aufsätze bestimmt die Höhe deines Beets und damit auch den Grad der Bequemlichkeit beim Gärtnern und die Menge der benötigten Füllmaterialien. Überlege dir also vorher, wie hoch dein Beet sein soll. Mindestens zwei Aufsätze solltest du aber nutzen.

## SCHRITT 5

Geschafft! Das Hochbeet steht. Damit du länger etwas davon hast, solltest du es mit Holzlasur behandeln. Achte bei der Wahl des Produkts unbedingt darauf, dass dieses umweltfreundlich und ungiftig ist! Die Giftstoffe geraten vom Holz in die Erde, dann von der Erde in die Pflanzen und schlussendlich in deinen Magen. Im Baumarkt findest du zum Beispiel »Auro Holzlasur«, die sowohl für die Umwelt als auch für dein Gemüse und dich unschädlich ist. Lass dich gegebenenfalls von einem Fachmann beraten.

## SCHRITT 6

Damit der Inhalt des Beets nicht durch die Löcher im Palettenboden rutscht, musst du das Hochbeet jetzt noch mit Vlies auslegen. Schneide es dafür in die richtige Größe und tackere es an den Innenseiten des Beets fest. Wer keinen Tacker zur Hand hat, kann auch einfach kleine Nägel mit dem Hammer einschlagen.

## SCHRITT 7

Jetzt hast du noch einmal die Chance zu prüfen, ob der Standort wirklich perfekt ist. Denn wenn du das Hochbeet erst einmal befüllt hast, lässt es sich nicht mehr so leicht verrücken. Es sei denn, du kennst jemanden mit einem Gabelstapler ... Also, steht das Hochbeet an dieser Stelle gut? Ist es richtig ausgerichtet? Dann musst du es nur noch befüllen (wie das geht, steht auf Seite 14) und das große Gärtnern kann beginnen!

EPAL
EPAL

LV-117

# ZUSAMMENSTELLUNG *der Pflanzen*

**Auf die Beete, fertig, los!** Das Hochbeet steht, du hast es befüllt und dir eines der fünf Beete (ab Seite 28) ausgesucht? Prima! Dann kann es ja losgehen …
… doch einen Moment noch. Halt. Erst wollen wir mit dir noch einen kleinen Abstecher in die Theorie der Gartenkunde machen. Denn bei der Bepflanzung eines Hochbeets gibt es natürlich einiges, was es zu beachten gilt. Keine Bange! Für die fünf Beete in diesem Buch haben wir das bereits für dich übernommen. Du kannst dieses Kapitel also auch überblättern, aber ein kleiner Crashkurs in Sachen Gartenkunde kann ja nie schaden. Man muss nämlich darauf achten, dass nicht jede Pflanze überall gleich gut wächst, nicht jedes Kraut mit Kürbis, Gurke und Erdbeeren harmoniert und sich nicht alle Pflanzen »grün« sind.

**TIPP VON DEN STADTGÄRTNERN**

**Vermeide es, dein Beet zu dicht zu bepflanzen. Auch, wenn jede Art ihre ganz eigenen Bedürfnisse hat, eins haben sie alle gemeinsam: Sie brauchen Platz zum Wachsen und Gedeihen.**

## DIE MISCHKULTUR

***»Es ist verhext, Kürbis und Zucchini wollen einfach nicht mehr so gut wachsen wie in der letzten Saison, dabei stehen sie doch am gleichen Fleck im Beet und ich habe alles genauso gemacht wie im letzten Jahr.«***

Komisch? Nein, gar nicht. Denn wer immer wieder die gleichen Gemüsesorten an der gleichen Stelle ins Beet setzt, braucht sich nicht zu wundern. Auf längere Sicht ist dies absolut nicht förderlich für den Boden. Durch den einseitigen Nährstoffentzug kommt es zum Phänomen der sogenannten Bodenmüdigkeit. Dem Boden fehlen dienötigen Nährstoffe und das bremst wiederum das Wachstum des Gemüses und lässt die Ernte immer mickriger ausfallen.

Doch das kannst du ändern! Mischkultur und Fruchtfolge heißen die Zauberwörter. Wie sie funktionieren und was es zu beachten gibt, erfährst du auf den nächsten Seiten. Also: Adieu Monokultur, Bonjour Vielfalt!

## STARK- UND SCHWACHZEHRER

Damit Pflanzen wachsen, brauchen sie Nährstoffe. Doch nicht jede Pflanze hat den gleichen Bedarf. Unterschieden wird ganz grob in Stark-, Mittel- und Schwachzehrer, wobei die Schwachzehrer am bescheidensten sind, also auch auf kargen und eher mageren Böden noch immer gut gedeihen.

Die Einteilung in die drei Kategorien ist vor allem für eine geplante Fruchtfolge, also den Fruchtwechsel wichtig. Beides bedeutet verschiedene Pflanzen nacheinander im Beet anzupflanzen. Setzt man zum Beispiel nach Ernte der Frühkartoffeln in derselben Saison noch Mangold oder Kohl an dieselbe Stelle, spricht man von Fruchtfolge. Generell können Schwachzehrer noch problemlos wachsen und gedeihen, auch wenn Starkzehrer vorher dem Boden schon viele Nährstoffe entzogen haben. Mit der richtigen Fruchtfolge kann innerhalb einer Saison also reiche Ernte eingefahren werden, ohne dass dem Boden dabei zu viele Nährstoffe verloren gehen. Fruchtwechsel bezeichnet die Fruchtfolge über mehrere aufeinanderfolgende Jahre. Auch auf ihn solltest du achten, denn wenn ein Boden über mehrere Jahre hinweg nur Starkzehrer ernähren muss, wird er langfristig ermüden.

Welche Pflanzen sind also Stark-, welche Mittel- und welche Schwachzehrer? Hier sind ein paar Beispiele:

**Starkzehrer:**
Auberginen, Kartoffeln, Weißkohl, Kürbis, Lauch, Tomaten, Zucchini, Sellerie

**Mittelzehrer:**
Karotten, Paprika, Radieschen, Frühlingszwiebeln, Spinat, Kohlrabi, Salat

**Schwachzehrer:**
Erbsen, Bohnen, Feldsalat, Löwenzahn, Thymian

## WAS BEDEUTET DAS FÜR DIE BEETPLANUNG?

Die Beete in diesem Buch kannst du ganz sorgenfrei nachgärtnern. Interessant wird es dann erst im nächsten Jahr. Denn jetzt solltest du den Inhalt variieren, damit der Boden nicht müde wird. Nach einem Starkzehrer-Beet wie etwa »Fuddern wie bei Muddern« (Kohlgewächse, Kartoffeln, Kürbis, ab Seite 28) ist es sinnvoll, im Folgejahr Mittelzehrer einzusetzen. Zu diesen zählen zum Beispiel Brokkoli, Möhre und Kopfsalat. Auch hilft es, die Erde nach der Saison mit Kompost anzureichern und jedes vierte Jahr eine Gründüngung vorzunehmen. Das bedeutet, dass Pflanzen gesät werden (zum Beispiel Lupine, Feldsalat und Spinat), die nicht vordergründig der Ernte, sondern vielmehr der Aufbesserung des Bodens dienen.

## AUF GUTE NACHBARSCHAFT!

Im Beet geht es fast zu wie im echten Leben. Einige Menschen kann man gut riechen, mit anderen fühlt man sich einfach nicht richtig wohl. Auch bei Pflanzen ist das so. Neben solchen, die sich gar nicht besonders mögen, gibt es auch solche, die sich gut ergänzen und eine perfekte Mischkultur abgeben. Wer dies bei seiner Pflanzenauswahl beachtet, ist klar im Vorteil: Denn Pflanzen, die sich »sympathisch« sind, unterstützen sich im Wachstum und schützen sich gegenseitig vor Ungeziefer und Krankheiten! Die folgende Tabelle zeigt dir, welche Nachbarn sich »grün« sind und welche du lieber nicht nebeneinander pflanzt (rot markiert). Sind die Felder grau markiert, ist die Nachbarschaft nach bisherigen Erfahrungen weder besonders nützlich noch schädlich.

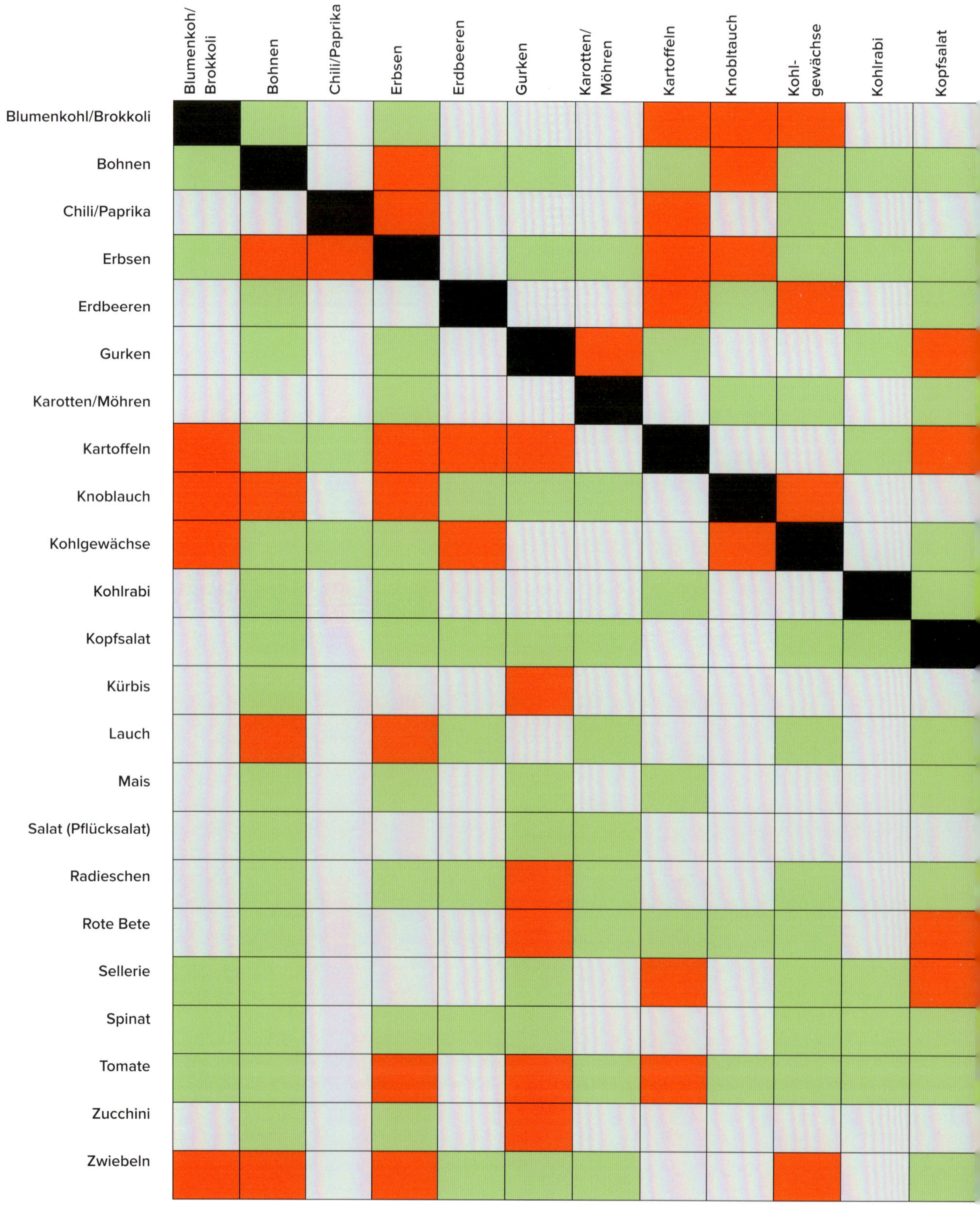
Blumenkohl/Brokkoli
Bohnen
Chili/Paprika
Erbsen
Erdbeeren
Gurken
Karotten/Möhren
Kartoffeln
Knobltauch
Kohl-gewächse
Kohlrabi
Kopfsalat
Blumenkohl/Brokkoli
Bohnen
Chili/Paprika
Erbsen
Erdbeeren
Gurken
Karotten/Möhren
Kartoffeln
Knoblauch
Kohlgewächse
Kohlrabi
Kopfsalat
Kürbis
Lauch
Mais
Salat (Pflücksalat)
Radieschen
Rote Bete
Sellerie
Spinat
Tomate
Zucchini
Zwiebeln

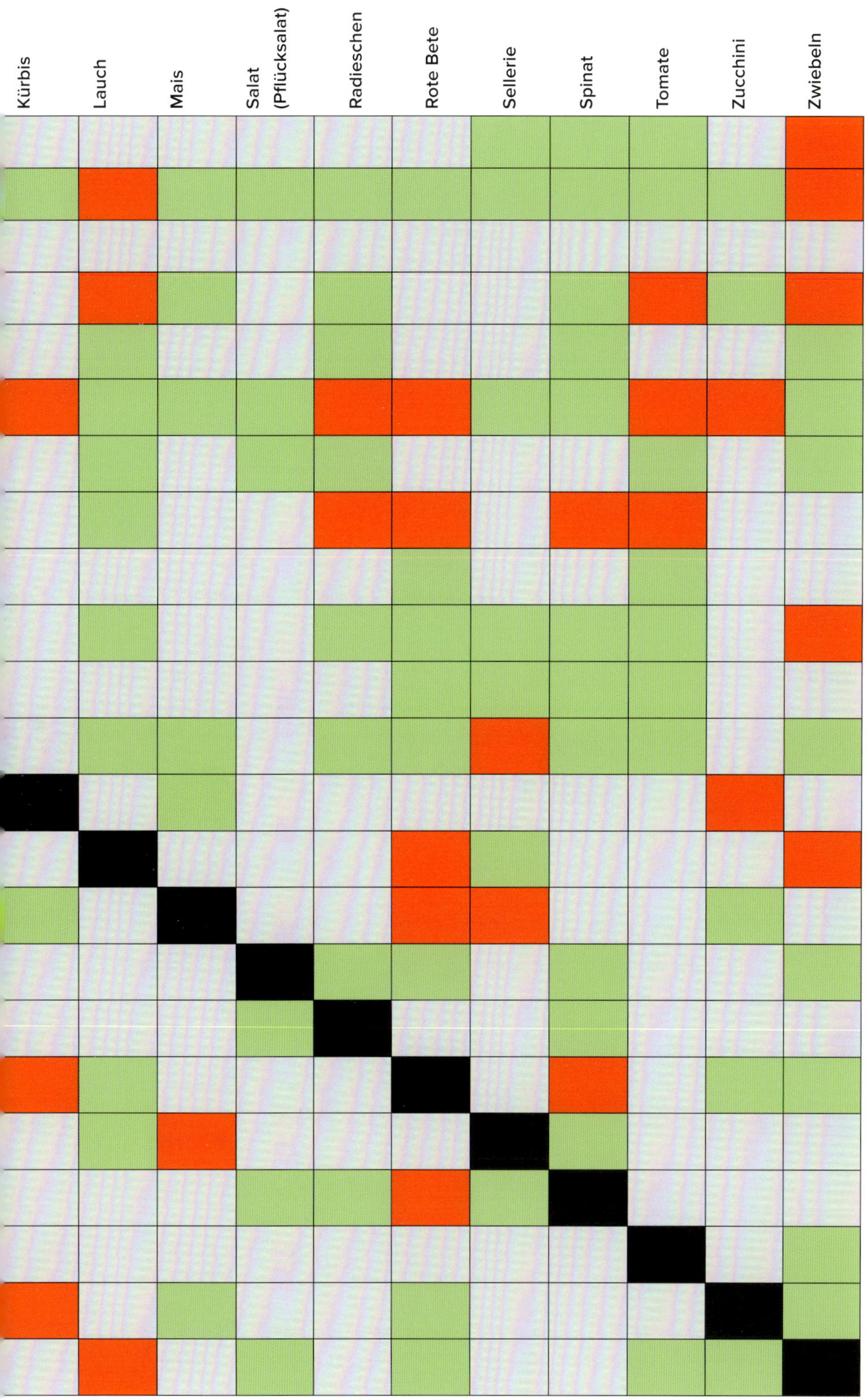


*= wir sind gute Nachbarn*

*= wir verstehen uns gar nicht*

*= wir sind uns gegenseitig egal*





Puuuuh, genug gelernt! Jetzt reicht es aber auch mal mit der drögen Theorie. Freue dich darauf, mit den Händen in der Erde zu arbeiten und auf den Geruch von Kräutern und Blumen in deiner Nase. **Wir wünschen dir eine tolle Gartensaison!**

Cocktail

# Jetzt aber ran ans BEET

# FUDDERN WIE BEI MUDDERN

Bei Mama schmeckt's am besten! Das weiß doch jedes Kind. Wenn du auf deftige Hausmannskost stehst, kommst du bei diesem Beet voll auf deine Kosten. Das Beste daran: Wer Vorräte richtig anlegt, ist das ganze Jahr über gut versorgt mit verschiedenen Leckereien aus dem Glas. Das Zauberwort: Einwecken. Das ist nicht schwer und lohnt sich auf jeden Fall. Mit unserer Anleitung kannst du verschiedene Gemüse aus deinem Beet haltbar machen und leckere Wintervorräte hamstern.

Fuddern
wie bei Muddern

# ÜBERSICHT PFLANZEN

| | Sonne | Wasserbedarf | Nährstoffbedarf |
|---|---|---|---|
| Kohlrabi | 2½ | 2 | 2 |
| Rote Bete | 2½ | 2½ | 2 |
| Rotkohl | 2½ | 2½ | 3 |
| Puffbohnen | 2 | 3 | 2 |
| Kürbis | 3 | 2½ | 3 |
| Einlegegurken | 3 | 3 | 3 |
| Buschbohnen | 2½ | 2 | 1 |
| Kartoffeln | 3 | 2 | 3 |

| | | | |
|---|---|---|---|
| SONNE | viel | mittel | wenig |
| | 3 | 2 | 1 |
| WASSER | viel | mittel | wenig |
| | 3 | 2 | 1 |
| NÄHRSTOFF | *Starkzehrer* | *Mittelzehrer* | *Schwachzehrer* |
| | 3 | 2 | 1 |

## BEETPLAN

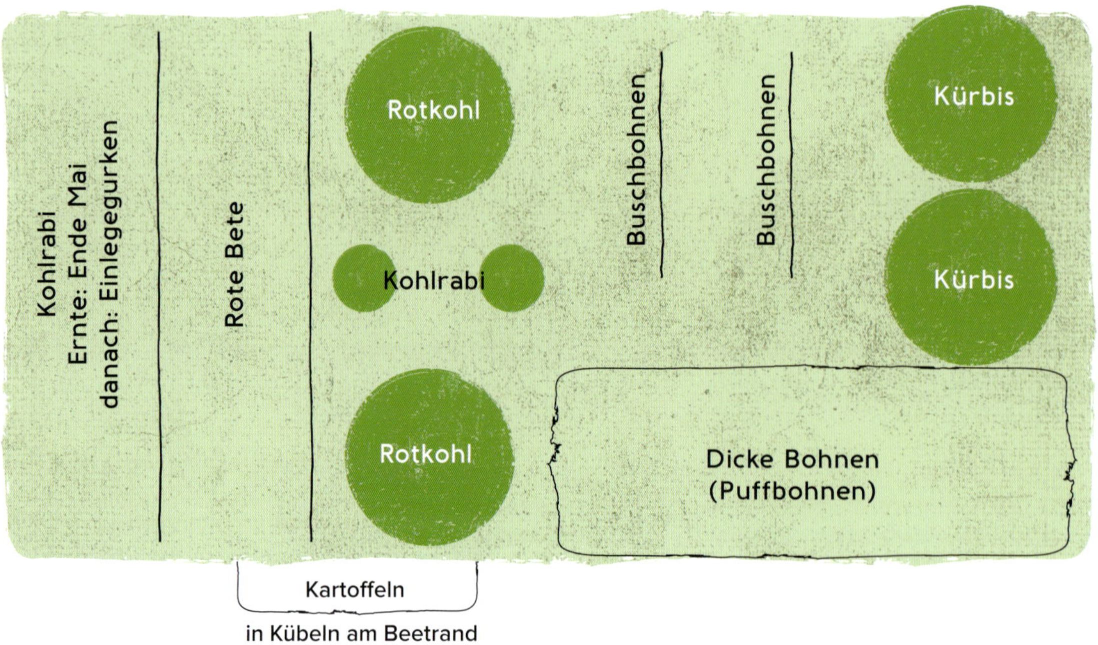

### KLEINER TIPP VORWEG

*In dem Beet »Fuddern wie bei Muddern« spielt sich viel Gartenarbeit auf deiner Fensterbank ab. Vorkultur ist das Stichwort. Vom Samen bis zur Ernte – wer seine Pflanzen von Anfang an begleitet und selbst aufzieht, wird die Ernte umso mehr genießen. Übrigens: Steht dir nicht ausreichend Platz in deiner Wohnung zur Verfügung, gibt es auch die Möglichkeit, auf Setzlinge aus dem Pflanzenfachhandel zurückzugreifen und die Vorkultur zu überspringen. Nach dem Einsetzen ins Hochbeet musst du diese dann natürlich ebenfalls pflegen und hegen, bis die Ernte ansteht. Diese Vorgehensweise (Setzlinge kaufen und einsetzen) ist mit weniger Aufwand verbunden, aber du bist nicht von vornherein »dabei«. Ganz egal, wie du es machst: Wir wünschen dir eine wunderbare Gartensaison und eine reiche Ernte!*

## ENDE FEBRUAR

Noch ist Winter und schon kann es losgehen mit einer neuen Gartensaison voll Kartoffeln, Kohlrabi und Kohl! Doch keine Angst. Bei den Temperaturen schicken wir dich noch nicht raus ans Hochbeet. Zunächst spielt sich alles drinnen auf deiner Fensterbank ab. Möglichst sonnig, oder zumindest hell gelegen, kannst du hier mit der Vorkultur beginnen. Der Kohlrabi geht als Erster in den Anzuchttopf, dicht gefolgt von den Puffbohnen. Aber einen Schritt nach dem anderen …

Wenn du ein riesiger Kohlrabi-Fan bist und am liebsten das ganze Jahr über Kohlrabi ernten magst, ist es sinnvoll, die Aussaat in Folgesaaten durchzuführen. Tatsächlich kannst du dann bis zum August deine vorgezogenen Setzlinge in einem Abstand von einigen Wochen immer wieder ins Beet setzen. Als Lückenfüller macht Kohlrabi nämlich eine ziemlich gute Figur! Aber Vorsicht: Es gibt frühe, mittlere und späte Sorten – wähle immer solche, die zur Jahreszeit passen.

Kohlrabi braucht von Anfang an regelmäßig und viel Wasser. Ansonsten kann er »schießen«, das heißt er wächst viel zu schnell in die Höhe und fängt an zu blühen, bildet aber keine Knolle. Auch nach der Knollenbildung mag er es, wenn der Boden stets feucht gehalten wird. Sonst werden die Knollen holzig. Falls du das Gießen mal vergessen hast, solltest du nicht aus schlechtem Gewissen plötzlich ganz viel auf einmal gießen, dann könnten die Knollen platzen.

Zack die Bohne! Zum Kohlrabi gesellt sich nun die Dicke Bohne. Es ist ja so: Eigentlich ist eine Vorkultur nicht zwingend erforderlich, denn die Dicken Bohnen sind überhaupt nicht zimperlich, was kältere Temperaturen betrifft und können auch so früh direkt ins Beet gesät werden. Aber: Wer eine frühe Ernte einfahren will und Blattläuse fernhalten möchte, macht alles richtig, indem er die Dicke Bohne auf der Fensterbank vorzieht. Da sie lange Pfahlwurzeln bildet, solltest du jeweils einzelne Töpfe für die Vorkultur verwenden.

Ein Gemüse mit vielen Namen: Die Dicke Bohne wird auch Puffbohne genannt und war vor allem als Viehfutter sehr beliebt. Sie ist anspruchslos, leicht anzubauen und sehr kälteresistent. Wunder dich also nicht, wenn auch mal der Name »Pferdebohne« oder »Saubohne« fällt.

## ANFANG MÄRZ

*»Wenn mich einer sucht – ich bin im Garten!«*

Die Tage werden länger und die Kälte verzieht sich langsam. Das ist dein Startschuss für die Gartensaison! Da alle Pflanzen in diesem Beet äußerst nährstoffliebend sind, musst du das Beet gut vorbereiten, bevor die Direktsaat im Beet und das Einsetzen der Jungpflanzen beginnen kann. Das Frühjahr ist also ideal, um neben der Vorkultur auf der Fensterbank dein Beet für die nächsten Monate aufzupeppen. Schnappe dir eine Harke und lockere die Erde in deinem Beet gut auf. Dabei kannst du gründlich »in die Tiefe gehen«. Der Boden sollte nicht nur oberflächlich aufgelockert sein. Im Inneren sorgt lockere Erde für einen guten Wasserabfluss und verhindert Staunässe. Zerbrösel außerdem Erdklumpen, falls dir welche in die Finger kommen. Auch Unkraut solltest du entfernen!

Der erste Schritt wäre geschafft, nun solltest du im zweiten Schritt den Boden mit reichlich Kompost anreichern. Wichtig ist, dass dieser bereits voll zersetzt ist und sich fein unter die Erde mischen lässt. Auch eine Düngung mit Hornmehl kann jetzt noch einmal vorgenommen werden.

## MITTE MÄRZ

Kartoffeln sind nicht unbedingt das Gemüse, das man zuerst mit einem Hochbeet in Verbindung bringt. In der Tiefe des Hochbeets würden sich die Kartoffeln verlieren. Stattdessen kannst du Kartoffeln in Kübel pflanzen. Das ist nicht schwer und die Kartoffelkübel sind sogar ganz dekorativ neben deinem Hochbeet.

## Und so geht's

Zuerst brauchst du natürlich ein Behältnis. Hier gilt grundsätzlich: Je höher, desto besser. Fülle zunächst eine dünne Schicht Kies ein. Dieser dient als Drainage, sodass Staunässe verhindert wird. Auf den Kies füllst du nun ca. 15 cm hoch Erde auf. Bette danach die vorgekeimten Pflanzkartoffeln auf die Erde und halte den Inhalt gleichmäßig feucht. Jetzt heißt es: Geduld bewahren und abwarten, bis die Knollen keimen. Sobald die Keime etwa 10 cm lang sind, kannst du erneut so viel Erde aufschütten, dass gerade noch die obersten Blattspitzen rausgucken. Und wieder: Warten, bis die Knollen keimen und ca. 10 cm lang sind. Dann wieder Erde aufschütten. Das Prozedere kannst du wiederholen, bis das Gefäß voll ist. Deine Kartoffeln sind nach etwa 100 Tagen erntereif!

**TIPP VON DEN STADTGÄRTNERN**

**Vor frostigen Nächten solltest du den Eimer oben mit Stroh bedecken, so sind deine Kartoffeln immer gut geschützt!**

## ENDE MÄRZ

***»Sind erst die Kartoffeln drin, legt sich der Bauer wieder hin.«***

- ALTE BAUERNWEISHEIT -

Von wegen! Bei dir kann es gleich weitergehen. Die Dicken Bohnen sind zu beachtlichen Jungpflanzen herangewachsen und können jetzt ins Beet gesetzt werden. Grabe dafür zwei bis drei Pflanzlöcher im Abstand von 20 cm an der von der Sonne abgewandten Seite des Beets. So nehmen die Dicken Bohnen den anderen Pflanzen nicht die Sonne und haben trotzdem Platz, um sich auszubreiten.

**TIPP VON DEN STADTGÄRTNERN**

**Damit Jungpflanzen beim Einsetzen ins Beet optimal mit Wasser versorgt sind, kann man den Wurzelballen vorher in die Regentonne oder einen Eimer mit Wasser tauchen.**

Setze die Dicken Bohnen in die Pflanzlöcher und häufle die Erde um den Stängel etwas an. Das unterstützt ihren aufrechten Stand. Je nachdem, wie wacklig die Jungpflanzen sind, kannst du sie an einen Stab binden und zusätzlich ihre Stabilität erhöhen.

## MITTE APRIL

Das ist wirklich kein Aprilscherz! Wenn der Frühling milde Temperaturen spendiert, geht es in deinem Beet Schlag auf Schlag. Dann ist von jetzt an (bis Mitte Juni) die Direktsaat der Roten Bete in dein Beet möglich. Auch bei leichtem Frost musst du dir keine Sorgen machen, die Rote Bete ist hart im Nehmen. Lediglich vor extrem kalten Nächten solltest du sie mit einem Vlies abdecken. So verhinderst du, dass die Rote Bete schießt und gar keine oder nur sehr kleine Knollen ausbildet. Was sie sonst noch braucht? Wasser! Regelmäßiges Gießen sorgt für eine rasche Keimung und die Ausbildung leckerer, roter Knollen.

### TIPP VON DEN STADTGÄRTNERN

**Dich juckt es immer noch in den Fingern? Dann tu der Roten Bete etwas Gutes und füttere sie mit organischem Dünger, sobald sie Knollen ausgebildet hat. Wenn du alle zwei Wochen etwas Brennnesseljauche (siehe Seite 117) in das Gießwasser mischst, wird die Rote Bete bei so viel Fürsorge sicherlich ganz rot vor Rührung!**





## ENDE APRIL

Von der Fensterbank ins Beet ... Deine vorgezogenen Kohlrabi-Setzlinge sind bereit für den Umzug nach draußen in dein Hochbeet. In einem Abstand von ca. 20–30 cm kannst du sie in einer Reihe in dein Beet setzen. Am Beispiel des Palettenhochbeets, wo die kurze Seite 80 cm misst, würden drei Pflanzen gut Platz finden. Wichtig: Du darfst die Jungpflanzen nicht zu tief in die Erde setzen, weil sich sonst keine Knollen ausbilden können. Das wirkt zwar vielleicht am Anfang etwas wacklig, die Pflanze wird sich aber schnell in der Erde verwurzeln und ist dann auch standhafter.

Du bist kein Fan der Vorkultur? Oder deine Pflanzen sind auf deiner Fensterbank nicht so richtig gut gewachsen? Kein Grund zur Aufregung! Das ist zwar schade, passiert aber auch erfahrenen Gärtnern. Im Pflanzenfachhandel gibt es viele gesunde Setzlinge zu kaufen. Eine viel bessere Idee wäre aber: Probiere es einfach noch mal! Die Aussaat von Kohlrabi ist noch den ganzen Sommer möglich. Die Ernte wird eben etwas später ausfallen, aber ist das wirklich so tragisch?

Kaum ist der Kohlrabi von der Fensterbank genommen, füllt sich der Platz erneut mit Anzuchttöpfen. Als neue Mitbewohner ziehen jetzt die Einlegegurken bei dir ein. Fülle mehrere kleine Anzuchttöpfe nur halb mit Erde und stecke jeweils drei Samen hinein. Dann beginnt der Wettkampf! Sobald das erste Blatt über den Rand hinauswächst, stellt sich heraus, wer der Sieger ist. Die stärkste Pflanze überlebt und darf den Topf alleine für sich in Anspruch nehmen, indem du die anderen beiden entfernst. Die Keimung beginnt schon nach etwa zehn Tagen. Trotzdem solltest du sie nicht zu früh ins Freie setzen. Lass die kleinen Gurken lieber noch etwas Kraft auf deiner Fensterbank sammeln. Hast du noch mehr Platz auf der Fensterbank? Dann könnte sich auch der Kürbis dazugesellen. Optimale Bedingungen, damit der Kürbis keimen kann, sind: viel Licht und eine Zimmertemperatur von etwa 20 °C. Passt? Na dann los! Die Pflanzanleitung gibt's auf Seite 36.

## Und so geht's

**SCHRITT 1**
Lege deine Kürbissamen über Nacht in ein Glas Wasser – Zimmertemperatur ist perfekt!

**SCHRITT 2**
Fülle nun zwei große Anzuchttöpfe mit Aussaaterde.

**SCHRITT 3**
Ganz nach dem Motto »doppelt hält besser« setzt du in jeden Topf zwei Kürbissamen mit der Spitze nach unten 2 cm tief in die Erde ein. Wichtig: Halte die Erde immer feucht und benetze sie am besten mit einer Sprühflasche, damit du die Samen auf keinen Fall wegspülst.

**SCHRITT 4**
Nach wenigen Tagen keimen die Samen! Zeigt sich ein Sämling mit dem ersten Blatt, kannst du den schwächeren aus dem Anzuchttopf entfernen.

**Das war noch nicht alles:** Auch Buschbohnen können nun auf deiner Fensterbank vorgezogen werden. Das ist sinnvoll für eine frühe Ernte, aber nicht zwingend erforderlich. Buschbohnen können bis Mitte Juli auch direkt ins Hochbeet ausgesät werden. Allerdings werden sie auf diese Art deutlich öfter von der Bohnenfliege befallen. Für die Aussaat auf der Fensterbank legst du die Bohnen am besten für einen Tag ins Wasser. So beschleunigst du die Keimung.

## MITTE MAI

Herrlich! Sind die Eisheiligen vorüber, ist die Gartensaison offiziell eröffnet. Sobald deine Kürbispflanzen drei Blätter entwickelt haben, kannst du sie ins Hochbeet pflanzen und endlich den Dschungel auf deiner Fensterbank etwas lichten. Je nach Größe des Hochbeets solltest du nicht mehr als zwei Kürbisse einsetzen, denn sie brauchen Platz! Das Gute ist aber: Die Höhe des Beets lässt sich zum Kürbisanbau perfekt ausnutzen. Setze die Jungpflanze direkt an den Rand, so kann sie sich später ihren Weg an deinem Beet hinab bahnen. Das ist nicht nur praktisch, sondern sieht auch richtig gut aus!

**Kleiner Fun Fact:** Die dicken Kürbisse, die du kennst, sind eigentlich Beeren! Unfassbar, oder? Aber wahr! Kürbisse zählen zu den größten unter den Beerenfrüchten und werden deshalb und wegen der harten Schale auch »Panzerbeeren« genannt.

### TIPP VON DEN STADTGÄRTNERN

Wasser marsch! Bilden sich die ersten Früchte, haben Kürbisse einen sehr hohen Wasserbedarf!

Auch deine Buschbohnen finden nun den Weg nach draußen. Stelle sie zunächst in ihren Anzuchttöpfen ein paar Tage an die Luft, bevor du sie in Reihen mit einem Abstand von 10 cm ins Beet setzt.

Um Jungpflanzen etwas Schutz zu bieten, solltest du sie anhäufeln. Das bedeutet, mit beiden Händen die Erde um die Pflanze herum zu einem niedrigen Haufen leicht hochzudrücken und die Pflanze dadurch zu stabilisieren. Und wie oft soll man gießen? Regelmäßig, aber mäßig!

### TIPP VON DEN STADTGÄRTNERN

Lege zwei Reihen an, um die Erntephase zu verlängern: Vorgezogene Jungpflanzen kommen in die eine, in die andere säst du Bohnen direkt aus.

### TIPP GEGEN BLATTLÄUSE

*Oh Mist, es hat deine Pflanze erwischt: Die Läuse haben sie entdeckt. Da hilft nur eines: Spüle befallene Blätter mit Wasser und etwas Seifenlauge ab. Die übrigen Läuse kannst du mit der Hand von den Blättern streifen. Natürliche Feinde der Blattläuse sind übrigens Marienkäfer, daher kann es nie schaden, vorher schon in der Nähe deines Hochbeets für passende Rückzugsorte zu sorgen. Ein Insektenhotel oder trockenes Kaminholz sind beliebte Schlafstellen für fliegende Helfer.*

Zum ersten Mal geht es nun in die Gärtnerei, wo du dir (noch) kleine, zarte Rotkohl-Setzlinge besorgst. Theoretisch ist eine Direktsaat im April möglich, aber bei Kohl ist das so eine Sache: Sind die Temperaturen zu niedrig, fängt die Pflanze schnell an zu schießen und bildet keinen Kopf aus. Und so ganz kopflos willst du den Kohl dann doch nicht in deinem Hochbeet haben, oder?
**Vorsicht:** Die kleinen Setzlinge täuschen, Kohl braucht viel Platz! Setze ihn deshalb an den Rand deines Hochbeets, so kann sich der Kopf mit seinen riesigen Blättern zur Seite hin besser ausbreiten.
**Schon gesehen?**
An den Blattachsen der Dicken Bohnen entwickeln sichnun duftende, weiße Schmetterlingsblüten. Wie schön!

## ENDE MAI

Endlich! Nach einer Kulturdauer von 8–12 Wochen ist der erste Kohlrabi erntereif! Den richtigen Zeitpunkt für die Ernte erkennst du daran, dass die Knollen einen Durchmesser von 8–12 cm erreicht haben. Den Moment solltest du auskosten, denn jetzt wirst du für deine Mühen zum ersten Mal mit frischer Ernte belohnt!

## ANFANG JUNI

Der Kohlrabi ist geerntet und du kannst den frei gewordenen Platz gleich wieder nutzen. Harke die Erde durch, entferne Unkraut und schon können die Einlegegurken eingesetzt werden. Dabei hilft dieser Merksatz: Nicht die Größe der Gurken ist entscheidend, sondern die Größe der Pflanzen – und die werden richtig groß! Auf 80 cm Beetbreite passen nur zwei Pflanzen.

Auch Einlegegurken haben einen hohen Wasserbedarf. Dabei sind sie absolute Warmduscher! Am besten gießt du sie morgens mit lauwarmem Wasser und legst etwas Stroh um die Pflanzen, um die Feuchtigkeit länger im Boden zu halten und die Früchte nicht auf feuchte Erde zu betten. Eine gelegentliche Düngung mit Hornmehl oder Brennnesseljauche tut ihnen übrigens auch gut!

## MITTE JUNI

Es ist immer was los in deinem Beet. Kaum hast du ein, zwei Tage nicht hingeguckt, lassen sich am unteren Stängelabschnitt der Dicken Bohnen erste Hülsen blicken. Sie sind anfangs grünlich, wechseln bei Vollreife (etwa 90–120 Tage nach Aussaat) die Farbe und werden braun bis schwarz. »Schlage zu«, wenn sie 10 bis 20 cm lang und 1 bis 3 cm dick sind und sich die dicken Bohnen im Inneren der Hülse deutlich abzeichnen.

**So erntest du die Dicken Bohnen:** Ernte immer ganze Hülsen, auch wenn nur die Bohnen verwertbar sind. Um an diese zu kommen, brichst du die Hülsen der Länge nach auf und pulst dir die Kerne heraus. Jetzt heißt es: Nicht übermütig werden! Die Bohnen sollten nicht roh verzehrt werden! Gekocht oder eingemacht schmecken sie aber ganz hervorragend und erinnern mit ihrem deftigen Geschmack an Muttis gute Hausmannskost.




***»Wer vieles pflanzt und es nicht hütet, dem wird die Mühe schlecht vergütet.«***

\- SPRICHWORT -

Der Juni ist ein Monat der Routinearbeit. Ist das Beet unkrautfrei? Prima! Sind alle Pflanzen mit Wasser versorgt? Genial! Ist dein Boden locker? Sehr gut! Dann verwöhne deine Pflanzen doch noch einmal mit organischem Dünger, zum Beispiel mit Brennnesseljauche. Sie werden sich bei dir mit einer reichen Ernte bedanken!

## MITTE JULI

***»Je mehr du erntest, desto mehr neue Früchte bilden sich.«***

\- ALTE GÄRTNERWEISHEIT -

In diesem Sinne: Ernte jetzt deine ersten Einlegegurken. Natürlich nur, wenn sie reif sind. Die Erntezeit kann stark variieren und hängt immer von verschiedenen Faktoren wie Sorte, Wetterbedingungen, Bodenbeschaffenheit oder dem Standort ab. Aber: Einlegegurken schmecken, anders als ein guter Wein, besser jung! Mit einer frühen Ernte machst du also nichts verkehrt und es können sich neue Früchte ausbilden. Wenn sich erste helle Flecken auf den Gurken zeigen, ist es höchste Zeit zu ernten. Von überreifen Exemplaren, die komplett »vergilbt« sind, kannst du zumindest noch die Samen als Saatgut für nächstes Jahr ernten.

Noch mehr Ernte? Aber sicher! Ein Grund, dir mal so richtig auf die Schulter zu klopfen! All das, was hier wächst, stammt aus deiner Hand und ist nur möglich durch deine gute Pflege. Also: Genieße die erste Ernte der Buschbohnen, die nun, 2–3 Monate nach der Aussaat, ordentlich gewachsen sein sollten. Um den idealen Erntezeitpunkt zu erkennen, gibt es einen kleinen Trick: Einfach eine Bohne durchbrechen. Wenn die Bohne glatt durchbricht und die Bruchstelle grün und saftig ist, steht deiner Ernte nichts mehr im Weg!

Ernte am besten nicht alle Bohnen auf einmal, sondern 2–3 mal die Woche. Immer vorsichtig am Ansatz abknipsen, so bilden sich schnell weitere Knospen.

### TIPP VON DEN STADTGÄRTNERN

**Für noch mehr leckere Buschbohnen im nächsten Jahr solltest du jetzt unbedingt einige Bohnen hängen lassen. Das fällt zwar schwer, lohnt sich aber! Getrocknet und dunkel aufbewahrt, sicherst du dir so die Samen für den nächsten Bohnenanbau!**

**Vorsicht:** Bohnen bitte niemals roh essen, die Bohnen sind roh giftig! Und sowieso: Das ist ein Beet zum Einkochen und Einmachen. Auf Seite 43 findest du ein tolles Rezept für eine leckere, deftige Bohnensuppe. Lass es dir schmecken und guten Appetit!



## ENDE JULI

### *»Zuerst hatte ich ein Hochbeet, dann hatte das Hochbeet mich.«*

Geht es dir auch so? In Zeiten der Ernte vergisst man manchmal alles um sich herum und ist gedanklich voll und ganz bei seinem Hochbeet. Zu Recht! Denn schon wieder ist Erntezeit! Drei bis vier Monate hast du gewartet, nun ist es so weit. Der Hochsommer hat die ersten reifen Knollen der Roten Bete für dich im Gepäck.

Du bist nicht sicher, ob deine Rote Bete erntereif ist? Vergiss die Zweifel! Es ist immer gut, Rote Bete frühzeitig zu ernten! Die roten Knollen schmecken mit zunehmender Größe nicht unbedingt besser. Im Gegenteil: Knollen, größer als ein Tennisball, haben bereits Wasser eingelagert. Wie schade, nun schmecken sie fade!

**TIPP VON DEN STADTGÄRTNERN**

Nicht wegwerfen! Auch die Blätter der Roten Bete sind essbar. Kleingehackt und in einer Pfanne gedünstet schmecken sie zum Beispiel ganz fantastisch zu Rührei.

## MITTE AUGUST

Es ist nicht mehr zu leugnen: Die Tage werden kürzer und unweigerlich geht das Jahr auf den Herbst zu. Irgendwann zwischen jetzt und November ist dein Rotkohl erntereif! Er sollte dafür eine stattliche Größe erreicht haben, wenn du dir also nicht sicher bist, gib ihm ruhig noch etwas Zeit zum Wachsen.

**So erntest du den Rotkohl richtig:**

### SCHRITT 1

Nimm dir ein scharfes, sauberes Messer!

### SCHRITT 2

Schneide den Kohlkopf direkt über dem Boden ab oder zumindest so, dass du absolut sicher bist, den Kopf nicht zu verletzen. Denn wenn du den Kohl zu weit oben abschneidest, verletzt du die Blätter und der Kopf könnte auseinanderfallen.

### SCHRITT 3

Nun kannst du Erde und Schmutz vom Kohl abschütteln und schmutzige, außen abstehende Blätter entfernen.

Du willst den Kohl nicht sofort verwerten? Kein Problem! Rotkohl kann problemlos in einem Netz hängend oder auf einem Regal liegend gelagert werden. Einzige Voraussetzung: Er darf weder von der Ernte beschädigt, noch mit Wasser gereinigt worden sein.

## ENDE AUGUST (BIS IN DEN OKTOBER)

**Das Herbstgemüse ist erntereif!**

Den richtigen Zeitpunkt für die Ernte des Kürbisses erkennst du an drei Dingen:

1. **Er hat eine satte Farbe.**
2. **Wenn du gegen die Schale klopfst, klingt der Kürbis hohl.**
3. **Du kannst die Schale nicht mehr mit den Fingern einritzen.**

Sind alle Voraussetzungen erfüllt? Dann ran an den Kürbis!

**TIPP VON DEN STADTGÄRTNERN**

**Achte bei der Ernte immer darauf, möglichst viel vom Stiel am Kürbis zu lassen. Deshalb ernte auch hier am besten mit einem scharfen Messer, anstatt den Kürbis einfach abzureißen. So verhinderst du, dass der Kürbis verletzt wird und fault.**

## OKTOBER

Bevor es nun wirklich Winter wird, solltest du das letzte Gemüse aus deinem Hochbeet ernten. Späte Kohlrabisorten können im Keller gelagert und nach Bedarf auch im Winter noch verzehrt werden. Auch der letzte Kürbis kommt nun ins Haus. Ist der Herbst sehr nass und kalt, solltest du diesen lieber frühzeitig ernten und an einem trockenen Ort zum Nachreifen lagern.

## NOVEMBER

Ach, es ist immer wieder traurig. Aber der Wintereinbruch macht unmissverständlich klar: Es ist Zeit für eine Gartenpause. Doch bevor du dein Hochbeet in den Winterschlaf versetzt, solltest du noch einen letzten Gartentag einlegen und das Beet für die neue Saison im nächsten Jahr vorbereiten. Der ideale Zeitpunkt dafür ist nämlich genau jetzt! Entferne Pflanzenreste und Unkraut und harke und grabe dein Beet noch einmal gründlich durch. Das Stroh, das unterhalb der Einlegegurken lag, kannst du direkt in den Boden mit einarbeiten. Durch die Zumischung von Kompost bringst du außerdem wieder Nährstoffe ins Beet und bereitest den Boden für das nächste Jahr optimal vor!

Nun kann der Frost kommen. Um die Nährstoffe im Boden zu halten, deckst du im letzten Arbeitsschritt das Beet ab. Es gibt spezielle Beetabdeckungen zu kaufen, günstiger und praktischer ist es aber, auf herumliegendes Herbstlaub zurückzugreifen. Das ist kostenlos und sowieso im Überfluss vorhanden! Wenn du keinen eigenen Garten hast, mach doch einen kleinen Ausflug in einen Park in deiner Nachbarschaft und sammle dort frisches Laub. Übrigens: Wenn du das Beet mit Laub abdeckst, wird ein Teil der Blätter den Winter über zu wertvollem Humus umgewandelt und verbessert den Boden zusätzlich. Du kannst dich also jetzt schon auf eine erfolgreiche zweite Gartensaison freuen …

Du willst deine Ernte für den Winter haltbar machen? Dann ist »einwecken« das Zauberwort! Das Einwecken, also Einkochen von Gemüse hat eine lange Tradition. Es bietet die Möglichkeit, große Ernten haltbar zu machen und einen Vorrat anzulegen. Beim Erhitzen geht zwar ein Teil der Vitamine verloren, aber dafür kommt die Methode ohne Konservierungsstoffe aus und du brauchst keine große Gefriertruhe zum Lagern.

## Rote Bete einwecken

**Rote Bete ist ein beliebtes Gemüse zum Einwecken, wobei das Grundprinzip beim Einkochen immer gleich ist, ganz egal welches Gemüse du einkochen möchtest.**



### DAS BRAUCHST DU:

- Einweckgläser
- 400 ml Wasser
- 1 kg Rote Bete
- 1 Zwiebel
- 20 g Zucker
- 200 ml Balsamicoessig
- Pfefferkörner, 1 Prise Salz
- je nach Geschmack: Ingwer, Nelke, Kümmel

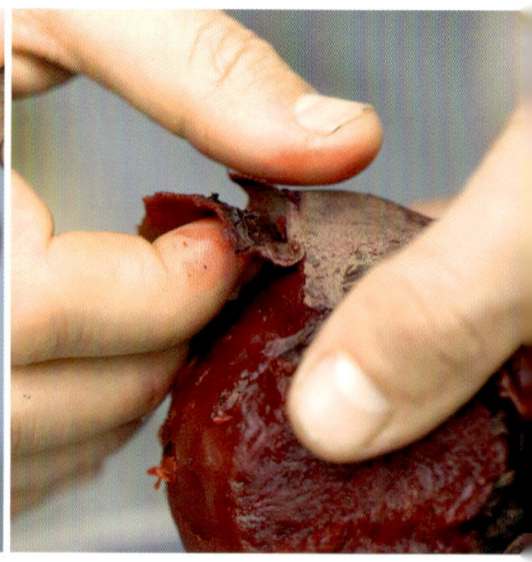

## Und so geht's

**1** Die Blätter mit einem scharfen Messer von der roten Bete entfernen. Aber Vorsicht! Die Haut der Knolle solltest du dabei nicht beschädigen, da diese sonst ihre schöne rote Farbe beim Kochen verlieren könnte.

**2** Rote Bete in einen Topf geben, mit Wasser bedecken, sodass die ganzen Knollen unter Wasser sind und für 45–60 Minuten auf kleiner Stufe weich kochen.

**3** Die Rote Bete aus dem Wasser nehmen und kurz mit kaltem Wasser abschrecken (so wie dein Frühstücksei am Sonntag). Die Schale solltest du nun ganz leicht mit den Fingern abziehen können.

**4** Die Rote Bete in Scheiben schneiden. Die Zwiebeln ebenfalls schälen und in dünne Ringe schneiden. Beides kurz zur Seite stellen.

**5** Wasser, Essig, Zucker und die gewünschten Gewürze zum Kochen bringen und auf kleiner Stufe köcheln lassen.
**Tipp:** Verwende zum Wassersparen das Kochwasser von der roten Bete!
**6** Die Gläser vorbereiten.
**Wichtig:** Die Gläser müssen vor dem Einkochen sehr sorgfältig gereinigt werden. Dafür am besten die Gläser und Deckel mit heißem Wasser und Spülmittel gut ausspülen und mit einem sauberen Geschirrhandtuch abtrocknen. Dann zur Seite stellen und mit einem sauberen Geschirrhandtuch abdecken. Vor dem direkten Einfüllen der Roten Bete solltest du die Deckel nochmals 5 Min. in kochendes Wasser legen. Die Gläser können ebenfalls direkt vorher im Backofen bei 80 °C erhitzt werden.
**7** Rote Bete und Zwiebeln in die Gläser schichten. Dann mit dem heißen Sud auffüllen und das Gemüse noch einmal im Glas erhitzen, um es zu sterilisieren.

### KLEINER TIPP VON DEN STADTGÄRTNERN

**Äpfelstücke sind ebenfalls eine schmackhafte Zugabe! Die Äpfel dafür in kleine Stücke schneiden und wie die Zwiebeln direkt mit der Roten Bete in die Gläser füllen!**

**8** Die Gläser sofort luftdicht verschließen und anschließend auf einem Geschirrhandtuch auf den Kopf zum Abkühlen stellen.
**9** Wenn die Gläser erkaltet sind, können sie in einem dunklen, kühlen Raum oder im Küchenschrank bis zu einem Jahr lang gelagert werden.

## *Deftige Bohnensuppe*

**Mutti ist die Beste! Denn sie weiß immer, wie sie die hungrigen Mäuler stopft, indem sie leckere Hausmannskost auftischt. Überrasche sie doch auch mal mit einem köstlichen Rezept mit ganz viel frischem Gemüse aus deinem eigenen Hochbeet. Sie wird sich bestimmt riesig freuen und es dir mit großem Appetit danken!**

### DIESE ZUTATEN BRAUCHST DU:

- 250 g Kartoffeln
- 2–3 Möhren
- 500 g Bohnen
- 1 Handvoll frische Kräuter
- 2 l Gemüsebrühe
- nach Geschmack: Rindfleisch

## *Und so geht's*

**1** Die Bohnen frisch aus deinem Hochbeet ernten und ordentlich putzen. Die Kartoffeln und Möhren schälen, waschen und in kleine Würfel schneiden. Verwendest du Fleisch, schneide es in ähnlich kleine Stücke.
**2** Gemüse und evtl. Fleisch in Wasser aufkochen und Gemüsebrühe dazugeben. Die Suppe bei schwacher Hitze (ca. 20–30 Min.) köcheln lassen, bis die Kartoffeln, Möhren und Bohnen weich sind.
**3** Mit Salz und Pfeffer abschmecken und mit frischen Kräutern garnieren.
**4** Heiß servieren!

Fuddern
Muddern

# COCKTAILBAR

Karibik, Sandstrand, Palmen, Sonne ... mit diesem Beet kannst du dich in den warmen Süden beamen. Wie wäre es zum Beispiel mit einem Mojito? Oder darf es doch lieber ein Moscow Mule sein? Mit diesem Hochbeet hast du für sommerliche Cocktails, frische Limonaden und kühle Eistees die richtigen Zutaten zur Hand. Eine kleine Auswahl an süßen Früchten und jede Menge Kräuter wie Apfelsalbei, Mojito- und Ananas-Minze und viele mehr geben die perfekte Basis her. Für die richtige Süße im Glas sorgt frisches Stevia. In diesem Sinne bleibt uns nur noch zu sagen: Mix it, Baby!

Cocktailbar

# ÜBERSICHT PFLANZEN

| | Sonne | Wasserbedarf | Nährstoffbedarf |
|---|---|---|---|
| Gurke | ☀☀☀ | 💧 | 🌱🌱🌱 |
| Lavendel | ☀☀☀ | 💧 | 🌱 |
| Ananas-Minze | ☀☀ | 💧💧 | 🌱🌱 |
| Mojito-Minze | ☀☀☀ | 💧💧½ | 🌱🌱 |
| Ananas-Salbei | ☀☀½ | 💧💧 | 🌱 |
| Kölnisch-Was-ser-Minze | ☀☀½ | 💧💧 | 🌱🌱 |
| Zitronenmelisse | ☀☀☀ | 💧💧 | 🌱 |
| Erdbeeren | ☀☀☀ | 💧💧💧 | 🌱 |
| Zitronengras | ☀☀☀ | 💧💧 | 🌱 |
| Stevia | ☀☀☀ | 💧💧 | 🌱🌱 |

**SONNE**

- ☀☀☀ *viel*
- ☀☀ *mittel*
- ☀ *wenig*

**WASSER**

- 💧💧💧 *viel*
- 💧💧 *mittel*
- 💧 *wenig*

**NÄHRSTOFF**

- 🌱🌱🌱 *Starkzehrer*
- 🌱🌱 *Mittelzehrer*
- 🌱 *Schwachzehrer*

## BEETPLAN

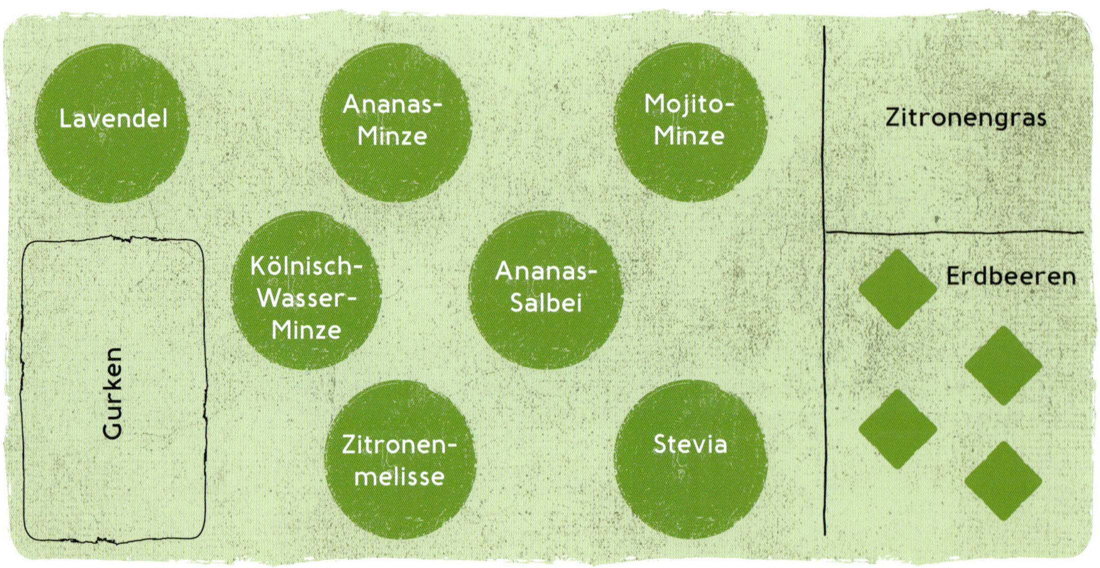

## ENDE FEBRUAR

Die Temperaturen draußen laden noch nicht zur Gartenarbeit ein, aber wir wollen dich trotzdem schon jetzt herzlich willkommen heißen in der neuen Gartensaison!

Bevor die Gartenarbeit im Beet beginnt, spielt sich alles drinnen auf deiner Fensterbank ab. Jetzt ist nämlich der perfekte Zeitpunkt für die Vorkultur von Lavendel.

Die perfekte Grundlage für die Anzucht von Lavendel bietet Kräutererde, die du zunächst in Anzuchtschalen füllst und dann die Samen dort hineingibst. Die Erde solltest du während der gesamten Vorkultur stets feucht halten, aber nie richtig durchnässen. Arbeite am besten mit einer Sprühflasche statt einer Gießkanne. Insgesamt gilt bei Lavendel: Lieber mehrere Tage ohne Wasser als ein Tag mit zu viel Wasser! Trotzdem: Halte die Erde in den Schalen möglichst immer leicht feucht. Das wäre eigentlich auch schon alles. Auf einer sonnigen, warmen Fensterbank fühlt sich der Lavendel wohl und wird sich schon bald als zartes Pflänzchen in den Töpfen zeigen.

### TIPP VON DEN STADTGÄRTNERN

**Du hast keine Anzuchtschale zur Hand? Kein Problem! Recycle doch einfach einen Eierkarton oder zerschneide Klopapierrollen, um kleine Anzuchttöpfe zu erhalten. Super ökologisch!**

**Was wir noch kurz erwähnen wollen:**
Mit dem Beet »Cocktailbar« hast du dich für ein Beet entschieden, was richtig Freude macht! Es gibt so viele tolle Cocktails mit frischen und getrockneten Kräutern, leckere Limonaden, Sirupe und Eistees. Die passende Abkühlung für die heißen Sommermonate ist dir also gesichert!

Voraussetzung dafür sind natürlich gesunde, kräftige Kräuterpflanzen in deinem Hochbeet. Deshalb solltest du bedenken, dass die selbst ausgesäten Kräuterpflanzen im ersten Jahr noch sehr klein sind, eher wenig »Ernte« einfahren und nur vereinzelnd blühen. Deshalb empfehlen wir dir, die Kräuter im Mai als Jungpflanzen zu kaufen und diese bereits vorkultiviert ins Beet zu setzen. Sie sind dann bereits sehr buschig, haben sich üppig entwickelt und du hast auch im ersten Jahr schon Freude an einer reichen Ernte! Wir machen dir nichts vor: Das Gleiche gilt auch für Lavendel. Das soll nicht heißen, dass wir dir von der Aussaat des Lavendels auf der Fensterbank abraten. Ganz im Gegenteil! Eine Pflanze aus Samen großzuziehen ist eine besonders schöne Erfahrung. Es macht stolz zu sehen, wie die Pflanze durch liebevolle Pflege langsam wächst und gedeiht! Also: Probiere dich unbedingt an der Vorkultur! Solltest du im Mai feststellen, dass dein vorgezogener Lavendel noch sehr klein ist und noch mehr Zeit braucht, kannst du zusätzlich ja trotzdem noch einen Lavendel für dein Hochbeet kaufen … Wie gesagt: Alles kann, nichts muss! Hauptsache du hast Spaß!



## ANFANG MÄRZ

**Auf geht's!** Die ersten Sonnenstrahlen locken dich vor die Tür und es kann mit der Vorbereitung deines Hochbeets losgehen. Richtig gehört: Zwar dauert es noch einige Wochen, bis die ersten Pflanzen ihren Weg in dein Hochbeet finden, aber gerade deshalb ist das Frühjahr perfekt, um den Boden noch mal gründlich zu bearbeiten. Schnapp dir Gartenhandschuhe und eine Harke und lockere die oberen Schichten deines Hochbeets ordentlich auf! Je gründlicher du bist, desto besser wird der Boden vorbereitet! Ein tiefgründig umgegrabenes Erdreich stößt auf große Begeisterung bei deinen Pflanzen. Das Wasser kann in einem lockeren Boden gut abfließen und Staunässe hat keine Chance! Auch die Wurzeln können sich deutlich besser entwickeln. Der Boden ist locker und feinkrümelig? Genial, dann sind die Vorbereitungen ja fast geschafft! Eine Sache fehlt noch, die du gleich mit erledigen kannst: Dünge deinen Boden zum ersten Mal organisch. Dafür arbeitest du, mit der Harke oder den bloßen Händen, voll zersetzten Kompost oder Hornmehl unter die Erde. Die extra Portion Nährstoffe rundet die Beetvorbereitung perfekt ab und wird dir eine reiche Ernte bescheren! Wir wünschen dir eine Gartensaison voll guter Laune und Sommerfreude!

## AB MITTE APRIL

**Der April macht was er will ...**
Deshalb wartest du lieber noch ein wenig, bis du Pflanzen in dein Beet setzt. Netter Nebeneffekt: Auch dein Boden hat so noch etwas Zeit, sich nach der wilden Vorbereitung wieder zu setzen. Das finden vor allem die Erdbeeren gut, die frisch umgegrabene Böden gar nicht mögen.

Weiter geht es auf der Fensterbank, wo sich zum Lavendel nun die Gurken gesellen. Genau: Wir haben »Gurken« gesagt und setzen als Stichwort gleich »Moscow Mule« hinterher. Wenn dir dieser erfrischene Cocktail bis dato unbekannt war, hast du ab sofort einen Grund mehr, dich auf den Sommer zu freuen ...

**Aber zurück zur Vorkultur der Gurken:** Damit du später in deinem Hochbeet nur die wirklich starken, reich mit Früchten behangenen Pflanzen hast, solltest du einen kleinen Trick bei der Aussaat anwenden. Befülle die Anzuchttöpfe halbvoll mit Anzuchterde und setze in jeden Topf 2–3 Gurkensamen ein. Ganz nach dem Motto »Nur die Harten kommen in den Garten« geht es jetzt ums Ganze! Denn nur wer zuerst mit seinen Blättern über den Rand des Anzuchttopfs hinauswächst, gewinnt das Rennen und darf als Belohnung im Topf stehen bleiben. Entferne die anderen, schwächeren Sämlinge und gib dem Gewinner so Platz, sich zu einer robusten Gurkenpflanze zu entwickeln. Als Hauptpreis darf der starke Sämling nun die Zeit bis Mitte Mai (nach den Eisheiligen) auf deiner warmen, sonnigen Fensterbank verbringen.

## ENDE APRIL

**Wie aufregend!** Die Sonne kündigt den Frühling an und ab sofort spielt die Musik in deinem Hochbeet!

**Es ist ja so:** Eigentlich pflanzt man Erdbeeren bereits im Spätsommer und sichert sich so die Ernte im Folgejahr. Doch du hast dir ein neues Hochbeet zugelegt. Und deshalb darfst du, zumindest was die Erdbeeren betrifft, ruhig ein wenig schummeln ...
Nimm dein Portemonnaie (oder lieber doch nicht?) und ab mit dir zur Gärtnerei deines Vertrauens. Dort findest du mit Sicherheit eine große Auswahl an Erdbeerjungpflanzen. Wichtig: Frage nach sogenannten »Frostpflanzen«. Mit ihnen kannst du dir sicher sein, dass du auch noch in diesem Jahr einen hohen Ertrag erzielen wirst. Erdbeerpflanzen werden als Frostpflanzen bezeichnet, wenn sie bereits über ein Jahr alt sind und sich schon richtig ausgebildet haben. Im vergangenen Herbst wurden sie ausgegraben und zum Überwintern in ein Kühlhaus gebracht. Das birgt einen großen Vorteil für dich: Sie schenken dir bereits in diesem Jahr eine reiche Ernte! Du musst nicht unmittelbar nach dem Kauf alle Pflänzchen in dein Beet einpflanzen. Wenn du die Erntezeit etwas in die Länge strecken willst, kannst du die Pflänzchen mit einem Abstand von einigen Tagen einpflanzen. Im Kühlschrank gelagert halten sie sich einige Wochen. Erdbeeren lieben Sonne! Pflanze sie deshalb ruhig an die zur Sonne hin gewandte Seite des Hochbeets. So nimmt ihnen keines der Kräuter das Sonnenlicht. Eben-

falls praktisch: Am Beetrand ist es nie völlig windstill. Eine leichte Brise trocknet das Laub nach dem Regen schnell ab und beugt auf diese Weise Blattkrankheiten vor! Schon 10–12 Wochen nach dem Einsetzen ins Beet sind deine Erdbeeren erntereif!

### KLEINER TIPP

*Sobald sich Früchte gebildet haben, solltest du sie auf Stroh betten. Das hat einige Vorteile:*

1. *Die Erdbeeren müssen nicht auf dem feuchten, sandigen Erdboden liegen und bleiben sauber. Dadurch ist es nicht nötig, die roten Früchte vor dem Verzehr mit Wasser abzuspülen und du bekommst ein unverfälschtes Geschmackserlebnis!*
2. *Die Früchte können nach dem Regen oder dem Gießen besser und schneller trocknen. Das Risiko von Pilzbefall wird deutlich minimiert!*
3. *Sobald die Pflanzen Früchte ausbilden, steigt ihr Wasserbedarf enorm. Durch die Schicht aus Stroh bleibt Feuchtigkeit länger im Boden gespeichert und die Pflanzen können länger davon zehren.*
4. *Das Stroh kann nach der Erntezeit oder zum Saisonende einfach in den Boden mit eingearbeitet werden. So wird dein Boden schön locker und gut durchlüftet. Eine perfekte Vorbereitung für die darauffolgende Gartensaison!*

## ANFANG MAI

**Aufgepasst!** Hier kommt ein Trick zum Zitronengras. Wir finden nämlich: In einem richtigen Cocktailbeet darf diese, aus dem asiatischen Raum stammende, würzig-erfrischende Pflanze auf keinen Fall fehlen! Natürlich kann man Zitronengras auch aus Samen selber ziehen. Dies ist aber recht aufwendig und geht kaum ohne Gewächshaus! Warum es also komplizierter als nötig machen? Kaufe dir in einem Asia-Shop ein Bündel frischer Zitronengrasstängel und stelle sie in deiner Küche in ein Glas. Dieses sollte etwa 5 cm mit Wasser gefüllt sein. Wichtig ist nun die Standortwahl! Vielleicht eine sonnige Fensterbank? Hell und warm muss es auf jeden Fall sein. Innerhalb der nächsten 1–2 Wochen bilden die Stängel Wurzeln aus. Haben diese dann (nach etwa 3–4 Wochen) eine Länge von 2 cm erreicht, kannst du sie ins Beet pflanzen! So einfach kann es gehen!

### KLEINER TIPP BEIM EINPFLANZEN

*Du kannst die Pflänzchen ruhig etwas tiefer in die Erde einsetzen, das begünstigt die Wurzelbildung. Übrigens: Plane ordentlich Platz ein, die »Grasbüschel« können bis zu 120 cm hoch und 90 cm breit werden. In einem Palettenhochbeet reicht eine Pflanze also völlig aus! Gieße die Pflanze sparsam 2–3 Mal die Woche!*

Wenn die Stiele des Zitronengrases rund 30 cm lang sind, kannst du sie ernten! Schneide sie dafür mit einer Schere an der Basis ab. Das untere Drittel ist super schmackhaft und ganz köstlich in Cocktails wie zum Beispiel Thaipirinha!

## MITTE MAI (NACH DEN EISHEILIGEN)

**Der offizielle Start der Gartensaison ist ... JETZT!**
Sind die Eisheiligen Mitte Mai vorüber, braucht man sich als fürsorglicher Pflanzenpapa oder besorgte Pflanzenmama keine Gedanken mehr zu machen. Der letzte Frost ist vorbei. Zeit, die jungen Pflanzen des Lavendels und der Gurke von der Fensterbank zu nehmen und in die Freiheit zu entlassen.

Deine Salatgurke sollte nun eine Größe von 25 cm erreicht haben und ist somit reif fürs Beet! Da Gurken Rankpflanzen sind, solltest du ihr ein Gerüst zum Emporklettern anbieten. Ansonsten besteht die Gefahr, dass sie sich mit ihren Trieben über das ganze Beet ausbreitet. Eine natürliche Rankhilfe lässt sich in der Regel schnell finden. Gut geeignet ist beispielsweise ein Ast, der deiner Gurke mit einigen ausladenden Zweigen viele Möglichkeiten offenlegt, wie sie an ihm emporklettern kann. Sei kreativ! So musst du für deine Rankhilfe nicht unnötig Geld ausgeben.

Beim Einsetzen des Lavendels gibt es eigentlich nur eine Sache zu beachten. Lavendel fühlt sich am wohlsten in kargen, eher nährstoffarmen Böden. Arbeite also vor dem Pflanzen an dieser Stelle etwas Sand oder feinen Kies in die Erde ein. So machst du dich sehr beliebt bei deinem Lavendel!

In die Gärtnerei oder noch besser in die Kräuterei schicken wir dich trotzdem. Denn wie bereits im Februar beschrieben, ist es sinnvoll, die Kräuterpflanzen für deine Cocktailbar schon vorkultiviert einzukaufen und ins Beet zu setzen. Das Ergebnis: Schon in diesem Jahr kannst du dich an dem bereits sehr buschigen Wuchs erfreuen und reiche Ernte einfahren! Doch wer sind eigentlich diese Cocktailkräuter? Wir haben sie gebeten, sich dir steckbriefartig kurz vorzustellen. Hier sind die Ergebnisse:

### Mojito-Minze

**Das macht mich einzigartig:** Ich stamme aus dem Garten der Bar, in der Ernest Hemingway gerne Cocktails trank. Du kannst mich auch Hemingway-Minze nennen.
**Meine besonderen Merkmale sind:** Ich bin unverzichtbar für den leckersten Cocktail des Sommers!
**Vom Typ her bin ich:** eher pflegeleicht
**Ich steh total auf:** eine organische Düngung einmal die Woche
**Ausgewachsen bin ich:** ca. 50 cm groß
**Im Sommer blühe ich:** in Hellviolett
**Ich liebe:** die Sonne und leicht feuchte Böden
**Mein Lieblinggetränk:** Mojito (!)
**Meine Lieblingsfrisur:** Radikaler Kurzhaarschnitt alle 1–2 Jahre.
**Mein Ernte-Tipp für dich:** Rupfe mir nie nur einzelne Blätter aus, sondern schneid gefälligst den ganzen Trieb mit ab! So kann ich neu austreiben, bleibe kompakt und sehe auch viel besser aus! Du kannst mich auch an den Trieben aufgehängt trocknen und haltbar machen.

## Ananas-Minze

**Das macht mich einzigartig:** mein verführerisch, tropischer Duft nach Ananas
**Meine besonderen Merkmale sind:** mein weiß gerandetes Blattwerk
**Vom Typ her bin ich:** eher anspruchslos, aber insgesamt ganz süß
**Ich steh total auf:** eine organische Düngung mit Hornspänen alle zwei Monate
**Ausgewachsen bin ich:** so etwa 40–60 cm groß
**Im Hochsommer blühe ich:** in Weiß bis Rosa
**Ich liebe:** die Sonne und feuchte Böden
**Mein Lieblingsgetränk:** ein sommerlicher Eistee
**Meine Lieblingsfrisur:** Ein 5 cm kurzer Stoppel-Haarschnitt. Das erste Jahr wurde ich noch dafür belächelt; mittlerweile habe ich viele Nachahmer gefunden. Ich habe jedes Jahr zum Ende der Gartensaison (und nach meiner Blüte) einen Termin beim Friseur.
**Mein Ernte-Tipp für dich:** Ernte mich vor meiner Blüte im Juli–August noch einmal komplett ab. Da bin ich besonders schmackhaft und kann auch getrocknet werden.




## Kölnisch-Wasser-Minze

**Das macht mich einzigartig:** mein Sortenname »Eau-de-Cologne«
**Meine besonderen Merkmale sind:** Bei leichter Berührung verströme ich einen zarten Duft nach Minze, Zitrone und Lavendel.
**Vom Typ her bin ich:** relativ pflegeleicht
**Ich steh total auf:** sonnige bis halbschattige Plätze
**Ausgewachsen bin ich:** fast 80 cm groß
**Im Hochsommer blühe ich:** in Lila
**Ich liebe:** Gärtner, die sich morgens parfümieren
**Mein Lieblingsgetränk:** Mint Julep
**Meine Lieblingsfrisur:** Einfach kürzen. Ich gehe zweimal im Jahr zum Friseur. Einmal im Juni, bevor ich blühe und ein zweites Mal im September.
**Mein Ernte-Tipp für dich:** Bitte ernte immer ganze Triebe! Am besten schmecke ich vor meiner Blüte im Juli und August. Da kannst du mich komplett abernten und trocknen!

## Ananas-Salbei

**Das macht mich einzigartig:** Bei leichter Berührung verströme ich einen herrlichen Duft nach Ananas.
**Meine besonderen Merkmale sind:** Ich wuchere furchtbar gern.
**Vom Typ her bin ich:** robust im Auftreten und unheimlich rasant im Wachstum
**Ich steh total auf:** eine organische Düngung alle vier Wochen
**Ausgewachsen bin ich:** ca. 120 cm groß
**Im Herbst blühe ich:** schimmernd rot
**Ich liebe:** halbschattige, warme Plätze und feuchte Böden
**Mein Lieblingscocktail:** Bloody Sage
**Meine Lieblingsfrisur:** Im Frühling lasse ich mir meine Haare immer auf eine Handbreit runterkürzen.
**Mein Ernte-Tipp für dich:** Meine Blätter sind besonders schmackhaft vor der Blütezeit im Herbst! Aber auch meine Blüten sind nicht von schlechten Eltern – am besten schmecken sie in der Hauptblütezeit von September bis November!

## Echter Lavendel

**Das macht mich einzigartig:** Ich bin die »Seele der Provence«. Meinen Namen erhielt ich vom lateinischen Begriff »lavare« (waschen), weil schon die Römer mein Duft betörte und sie mich für Badeessenzen nutzten.
**Meine besonderen Merkmale sind:** meine duftenden, ährenförmigen, violetten Blüten und meine silbergrauen, nadelförmigen Blättchen
**Vom Typ her bin ich:** ein eher genügsamer Geselle
**Ich steh total auf:** Karge, mäßig trockene Böden. Erde und Sand sind in meinen Augen eine gute Grundlage und Wasser wird allgemein überbewertet!
**Ausgewachsen bin ich:** zwischen 60 und 100 cm groß
**Im Hochsommer blühe ich:** in leuchtendem Violett
**Ich liebe:** warme und sonnige Plätze
**Mein Lieblingsgetränk:** Lavendel Fizz
**Mein liebster Haarschnitt:** Es geht nichts über einen regelmäßigen Kurzhaarschnitt! Nach meiner Blüte darf der Friseur mir einen leichten Rückschnitt verpassen, im Frühjahr dann noch mal kräftiger, aber nicht bis in die verholzten Teile!
**Mein Ernte-Tipp für dich:** Hast du es auf mein buntes Kleid abgesehen, ernte mich am besten in der Blütezeit von Juli bis August! Ich bin auch trocken unwiderstehlich!

## Zitronenmelisse

**Das macht mich einzigartig:** Mein Zitronenduft, besonders wenn du meine Blätter mit den Fingern zerreibst.
**Meine besonderen Merkmale sind:** meine Ähnlichkeit zur Brennnessel
**Vom Typ her bin ich:** ziemlich pflegeleicht und anspruchslos
**Ich steh total auf:** eine organische Düngung aus Kompost oder Hornmehl im Herbst und im Frühling
**Ausgewachsen bin ich:** meist so um die 60 cm groß, kann aber auch noch größer werden!
**Im Hochsommer blühe ich:** zart weiß
**Ich liebe:** halbschattige oder sonnige Plätze und leicht feuchte Böden
**Mein Lieblingscocktail:** Lemonball Mojito
**Mein liebster Haarschnitt:** Ein radikaler Kurzhaarschnitt im Frühjahr schadet nie! Wenn meine Haare zu wild wuchern, gehe ich bis zu 3 x im Jahr zum Friseur.
**Mein Ernte-Tipp für dich:** Besonders schmackhaft bin ich vor der Blüte zwischen Juni und August. Ich schmecke übrigens auch getrocknet ganz hervorragend!

Nun geht es ans Einpflanzen der Kräuter in dein Hochbeet. An sich kannst du die Pflanzen anordnen, wie es dir gefällt. Dabei solltest du nur zwei Dinge im Hinterkopf behalten: Erstens: Die Wuchshöhe der einzelnen Pflanzen. Zweitens: Minze wuchert extrem! Damit sich das Wurzelwerk nicht innerhalb kurzer Zeit im kompletten Beet breitmacht, solltest du eine Rhizomsperre um die Pflanzen anbringen. Oder du setzt die Pflanzen einfach mit dem Topf ein.

Auch Ananas-Salbei solltest du unbedingt mit dem Topf in dein Hochbeet einsetzen! Nicht nur, weil auch diese Pflanze stark wächst – Ananas-Salbei ist nicht winterhart und muss deshalb vor dem ersten Frost aus dem Beet genommen werden. Am wohlsten fühlt er sich in einem Winterquartier mit Temperaturen von 5–15 °C. Im nächsten Jahr kannst du ihn wieder nach draußen setzen.

### WUSSTEST DU SCHON?

***Minze galt im orientalischen Raum lange Zeit als Symbol der Gastfreundschaft. Ehe man Gäste einlud und ihnen etwas auftischte, rieb man den Tisch mit Minze ab.***

Halt! Bevor wir es vergessen. Als organischer Dünger eignet sich Brennnesseljauche gut. Diese einfach in regelmäßigen Abständen zum Gießwasser geben (1 Teil Jauche auf 10 Teile Wasser) und die Pflanzen damit wässern (siehe Seite 117). Nur Lavendel mag keinen Dünger!

Eine Pflanze haben wir noch vergessen. Leider hat sie sich geweigert, den Steckbrief auszufüllen, deshalb möchten wir die Vorstellungsrunde kurz selbst vornehmen. Die wirklich verrückte Pflanze nennt sich Stevia. Wieso verrückt? Zupfe mal ein Blatt ab und kaue darauf herum, dann weißt du wieso. Wegen der intensiven Süße wird sie auch Honigkraut, Süßkraut oder sogar »die süßeste Pflanze der Welt« genannt. Industriell verarbeitet wird sie zu einem Süßungsmitteln (ohne Kalorien!) und gilt als gesunder Zuckerersatz! In Cocktails oder als Eistee macht sie ihrem Namen alle Ehre. Ihre Blätter kannst du den ganzen Sommer über ernten und zu allerlei Cocktails hinzugeben. Sowohl frisch als auch getrocknet sorgen sie immer wieder für eine überraschend frische Süße in diversen Kaltgetränken!

### TIPP VON DEN STADTGÄRTNERN

**Fleißig gießen! Stevia ist ein Flachwurzler und kann deshalb nur oberflächlich Wasser aus der Erde ziehen. Deshalb solltest du gerade im Sommer regelmäßig und viel wässern!**

## MITTE JUNI

**Gelb, gelb, gelb sind alle meine Farben ...**
Oh wie schön, die Gurke blüht! Die gelben Blüten sind nicht nur ein toller Hingucker im Beet, sondern sollten auch als echter Motivator dienen: Die Blüte zeigt dir an, dass du in etwa zwei Wochen die erste Gurke ernten kannst! Freu dich drauf!

Was ist das? Auch dein Lavendel fängt nun an zu blühen, passenderweise komplementär zum Gelb der Gurke in einem herrlichen Lila. Für dich heißt das: Kurz innehalten und genießen, denn der Sommer ist da!

## ENDE JUNI

**»Sommer, ich wäre dann so weit!«**
Das Warten und alle Mühen werden ab jetzt reichlich belohnt! Der Sommer ist da und mit ihm die ersten reifen Erdbeeren in deinem Hochbeet. Ab Ende Juni lohnt es sich, noch aufmerksamer als sonst ins Beet zu schauen und die roten Erdbeeren jeden Tag frisch zu pflücken. Der Geschmack ist einmalig – nichts geht über Erdbeeren aus eigener Ernte!

**Es geht nun Schlag auf Schlag!** Frische Kräuter wohin das Auge reicht, duftender Lavendel, süße Erdbeeren und ... die erste Gurke!
Bei Gurken kannst du dir eines merken: Ist die Gurke in deinem Beet etwas kleiner als die Gurken, die du aus dem Supermarkt kennst, ist sie erntereif! Denn: je jünger die Gurke, desto höher der Vitamingehalt.

### TIPP VON DEN STADTGÄRTNERN

**Der beste Zeitpunkt für die Gurkenernte sind die frühen Morgenstunden. Der Nährstoffgehalt ist jetzt am höchsten! Aber Obacht! Versuche nicht, die Gurke mit den Händen abzudrehen. Die Gefahr, die Pflanze zu verletzen, willst du nicht riskieren. Mit einem scharfen Messer lässt sich die Gurke ganz einfach abschneiden!**

Der Lavendel steht nun in der Hochblüte. Das ist die perfekte Zeit, um sich reichlich an den duftenden, violetten Blüten zu bedienen und zwar bis Ende August! Das Praktische: Wer fleißig erntet und immer ganze Triebe abschneidet, braucht die Pflanze später gar nicht mehr zurückschneiden. Das gilt auch für die anderen Kräuter in deinem Beet. Bei den Minzsorten steht die große Ernte kurz vor der Blüte an. Bei Lavendel zur Hauptblütezeit! Die geernteten Kräuter, für die du frisch keine Verwendung hast, hängst du am besten zum Trocknen auf (siehe Seite 79 ff.). So kannst du sie noch lange genießen!

### TIPP VON DEN STADTGÄRTNERN

**Ernte deine Lavendelblüten am besten in der Mittagssonne. So stellst du sicher, dass morgendliche Feuchtigkeit sich durch die Wärme bereits verflüchtigt hat und die Lavendelblüten beim Trocknen nicht anfangen zu schimmeln.**

## ENDE SEPTEMBER

Der Sommer ist noch lange nicht vorbei! Deine Salatgurke sollte immer noch Früchte ausbilden und du kannst dich nach wie vor an der regelmäßigen Ernte erfreuen. Damit du die Ernte bis zum Schluss voll auskosten kannst, ist es jetzt aber an der Zeit, neue Blütenansätze abzuknipsen. So verhinderst du, dass die Pflanze ihre Kraft in neue Früchte steckt, die sich zum Winter hin nicht mehr auswachsen können. Ihre Kraft sollte die Pflanze lieber auf die Reife der bisher vorhandenen Früchte konzentrieren, findest du nicht auch?

## ENDE OKTOBER

**Oh je, es ist eine Schande!** Kaum hat der Sommer begonnen, neigt er sich auch schon wieder dem Ende zu. Aber kein Grund für Groll! Deine Kräuter – vorausgesetzt, du hast sie zum Trocknen aufgehängt –, kannst du noch viele Monate genießen und dein Hochbeet wird nun in die Winterpause entlassen.

Die zweite Oktoberhälfte ist der perfekte Zeitpunkt, um die Pflanzen in deinem Beet auf den Winter vorzubereiten und frostempfindliche Kräuter zur Überwinterung nach drinnen zu holen, wo sie vor Kälte geschützt sind.

Starte mit dem Zitronengras! Die Pflanze ist mehrjährig, aber nicht winterhart. Deshalb musst du sie vor dem ersten Frost ins Winterquartier umsiedeln. Kürze die Stiele dafür auf 10 cm herunter und grabe die Pflanze samt Wurzel aus deinem Hochbeet aus. In Töpfe umgepflanzt, überwintert sie am besten an einem kühlen, trockenen Ort. Einmal die Woche solltest du sie gießen! Sobald sich der Frühling ankündigt, solltest du die Pflanze langsam aus dem Winterschlaf wecken. Dafür stellst du sie auf eine sonnige Fensterbank und gießt sie wieder öfter. Nach den Eisheiligen kann das Zitronengras zurück ins Beet gesetzt werden.

Auch die Steviapflanze mag den Winter nicht draußen verbringen. Ernte jetzt noch einmal alle Blätter ab und schneide die Pflanze dann knapp über dem Boden ab. Grabe die Wurzel aus, pflanze sie in einen Blumentopf und stelle sie den Winter über an einen kühlen, aber dennoch frostfreien Ort.

**Last but not least:** Der Ananas-Salbei. Auch diese Pflanze ist frostempfindlich und würde es dir sehr übel nehmen, wenn du sie den Winter über draußen lässt. Also: Pflanze samt Topf ausgraben und an einen kühlen Ort stellen. Bei 5–15 °C ist sie bestens aufgehoben und wird den Winterschlaf gut überstehen.

## NOVEMBER

*»Ohne Winter wäre der Frühling doch nur halb so schön.«*

- WALTER LUDIN -

In diesem Sinne: An deinem letzten richtigen Gartentag für dieses Jahr bereitest du dein Hochbeet für die hereinbrechende, kalte Jahreszeit vor. Also nicht lang schnacken, Beet umharken!

Zuerst entfernst du die Reste deiner Gurkenpflanze und machst dein Beet unkrautfrei. Dann geht's an die Erdbeeren. Sie sind mehrjährig, sofern du einige Maßnahmen zum Überwintern der Pflanzen ergreifst. Schnappe dir zunächst die Gartenschere und kürze die Erdbeerpflanzen auf wenige Zentimeter runter. Aber Vorsicht: Entferne alles (gelbe Blätter, Ausläufer und unreife Früchte), aber nicht das Herz deiner Pflanze! Nur wenn die Herzknospe unbeschädigt bleibt, wird sich die Pflanze im nächsten Jahr wieder entfalten. Das Stroh, das seit einigen Monaten um die Erdbeerpflänzchen liegt, kannst du beim Umgraben des Beets in die Erde mit einarbeiten. Sowieso: Um die Pflanzen herum solltest du deinen Boden, wie damals im Frühling, einmal richtig mit einer Harke auflockern und organischen Dünger wie zum Beispiel Kompost dabei mit einarbeiten.

Die übrigen Kräuter (Zitronenmelisse, Ananas-Minze, Mojito-Minze, Kölnisch-Wasser-Minze und Lavendel) sind allesamt winterhart. Ein Rückschnitt ist bereits dank deiner fleißigen Ernte erfolgt und nun gilt es nur noch, ihnen die kalten Monate etwas gemütlicher zu machen. Decke den Boden mit Laub und Reisig ab. Das schützt vor allzu starkem Frost und verbessert gleichzeitig den Boden. Lavendel kriegt eine Extrawurst: Um die Stängelbasis solltest du das Laub ein wenig anhäufeln und mit Reisig abdecken. Mit diesem Mantel kommt der Lavendel gut über den Winter.

**Geschafft!** Deine getrockneten Kräuter lassen sich übrigens auch super zu Sirup verarbeiten oder als exotischen Kräutertee genießen. Und Stevia ist eine klasse Alternative zu industriellem Zucker. Du merkst also: Die nächsten Monate haben ebenfalls noch einiges zu bieten. In diesem Sinne wünschen wir dir eine aufregende und natürlich gemütliche Winterzeit!

Was kann es Schöneres geben als an einem warmen Sommerabend ein kühles Getränk mit Freunden genießen? Nicht viel, vermutlich. Deshalb hast du dir auch dieses Beet ausgesucht. Denn mit Minze, Zitronenmelisse, Lavendel und Co. lassen sich an der Cocktailbar jede Menge leckere Erfrischungsgetränke zubereiten! Wir haben zwei Rezepte für dich getestet, die du auf jeden Fall nachmixen solltest: »Mojito« und »Erdbeerlimonade«. Natürlich gibt es auch noch viele weitere tolle Rezepte für leckere Cocktails. Ein kleiner Geheimtipp: Lavendel ist längst nicht mehr nur als Mottenkiller oder Kräuterkissen zu gebrauchen – das Multitalent erobert sich die Küche nach und nach zurück und schmeckt hervorragend in Getränken wie etwa »Lavendel Gin Fizz«.

# Der Klassiker unter den Cocktails – »Mojito«

**DAS BRAUCHST DU:**

- 5 cl Rum (Bacardi, Havana Club)
- 1–2 Limetten
- 8–10 große Mojito-Minzblätter
- 2 TL weißer Zucker
- gekühltes Sodawasser zum Auffüllen
- Crushed Ice

## Mix it, Baby

**1** Limetten waschen und die Limettenenden abschneiden, dann achteln. Zusammen mit dem Zucker und der frisch geernteten Minze in ein Cocktailglas geben.
**2** Alles mit dem Mörser etwas zerdrücken, aber nicht komplett zerquetschen.
**3** Das Glas mit Crushed Ice füllen, den Rum zugeben und mit Soda auffüllen.
**4** Strohhalm rein und das Ganze mit Minzblättern oder einer Limettenscheibe garnieren!
**5** Prost!

# Für Autofahrer und Kinder – »Erdbeerlimonade«

**DAS BRAUCHST DU (FÜR 1,5 L):**

- 500 g Erdbeeren
- 2 Limetten
- 3 EL brauner Zucker
- 1 l gekühltes Sodawasser
- Kräuter nach Wahl

## Und so geht's

**1** Erdbeeren waschen, das Grün entfernen und in einer Schüssel mit einer Gabel grob zerdrücken.
**2** Frische Kräuter hacken und unter das Mus mischen.
**3** Limetten halbieren, auspressen und den Saft zum Erdbeermus geben. Das Mus mit dem Zucker mischen.
**4** Das Mus auf Gläser verteilen, mit Sodawasser auffüllen und noch mal kurz umrühren.
**5** Strohhalm rein, fertig! Eine halbe Erdbeere als Garnitur sieht immer gut aus!

Frische Cocktails zubereiten macht einfach gute Laune! Um die frischen Kräuter das ganze Jahr über beim Mixen an deiner Seite zu haben, kannst du sie konservieren, indem du sie zu einem Sirup verarbeitest. Mit Sodawasser aufgefüllt oder mit heißem Wasser übergossen, sorgt Kräutersirup sowohl als Kalt- als auch Heißgetränk für eine erfrischende Abwechslung und weckt Erinnerungen an an einen mega Sommer!

# KRÄUTERGARTEN

Wer viel in der Küche hantiert, weiß die Vielfalt der Kräuter beim Kochen und Backen zu schätzen. Gerichte erhalten ihre ganz eigene Note und ihren besonderen Charakter oft erst durch die Kräuter, die man ihnen beigibt. Dein ganz persönlicher Kräutergarten in deinem Hochbeet, bestückt mit den sogenannten »Basis-Kräutern«, schafft dir die perfekte Grundlage für neue Koch-Experimente. Salbei, Estragon, Dill, Maggi-Kraut, Koriander und viele viele mehr. Hier findet sich garantiert das richtige Kraut für jeden Koch!

Kräuter-
garten

## ÜBERSICHT PFLANZEN

| | Sonne | Wasserbedarf | Nährstoffbedarf |
|---|---|---|---|
| Koriander | ☀ ☀ ½☀ | 💧 💧 | ◆ ◆ ◆ |
| Strauchbasilikum | ☀ ☀ ½☀ | 💧 💧 | ◆ |
| Majoran | ☀ ☀ ☀ | 💧 ½💧 | ◆ |
| Salbei | ☀ ☀ ☀ | 💧 ½💧 | ◆ |
| Dill | ☀ ☀ ☀ | 💧 💧 ½💧 | ◆ |
| Rosmarin | ☀ ☀ | 💧 | ◆ |
| Kerbel | ☀ ☀ | 💧 ½💧 | ◆ |
| Liebstöckel | ☀ ☀ ☀ | 💧 💧 | ◆ ◆ ◆ |
| Bergbohnenkraut | ☀ ☀ ☀ | 💧 💧 ½💧 | ◆ |

**SONNE**
- ☀ ☀ ☀ *viel*
- ☀ ☀ *mittel*
- ☀ *wenig*

**WASSER**
- 💧 💧 💧 *viel*
- 💧 💧 *mittel*
- 💧 *wenig*

**NÄHRSTOFF**
- ◆ ◆ ◆ *Starkzehrer*
- ◆ ◆ *Mittelzehrer*
- ◆ *Schwachzehrer*

### BEETPLAN

## MITTE MÄRZ

***»Meine Damen und Herren, wir begrüßen Sie zu einer neuen Gartensaison! Dieses Jahr im Programm: frische Kräuter, wohin das Auge sieht! Schauen Sie, staunen Sie und lassen Sie sich von den würzigen Geschmacksnoten begeistern!«***

Okay, zugegeben, ganz so spektakulär beginnt die neue Gartensaison nicht. Aber: Du kannst schon jetzt im Frühjahr aktiv werden. Sobald die Sonne sich blicken lässt, wird es Zeit, dir die Gummistiefel anzuziehen und zu deinem Hochbeet zu gehen. Damit deine Kräuter in den nächsten Monaten ausreichend Nährstoffe bekommen und sich bei dir im Beet richtig wohl fühlen, musst du es entsprechend vorbereiten:
Schnappe dir Gartenhandschuhe und eine Harke und grabe die Erde in deinem Hochbeet im ersten Schritt ordentlich um. Sei gründlich! Denn je lockerer die Erde, desto besser. Ein tiefgründig umgegrabenes Erdreich versorgt die Pflanzen optimal mit Sauerstoff, lässt das Wasser gut abfließen und die Wurzeln sich prächtig entwickeln. Alles richtig gemacht also! Im zweiten Schritt füllst du nun frischen, schon ganz zersetzten Kompost in dein Beet und mischst ihn gut unter die Erde. Seine Nährstoffe werden deine Kräuter in den nächsten Monaten um die Wette wachsen lassen. Freue dich auf eine ertragreiche Ernte und lass die Gartensaison beginnen!

## ENDE MÄRZ

Sobald sich die Erde nach dem Umgraben etwas gesetzt hat, kannst du den ersten Kräutergast in deinem Beet willkommen heißen. Liebstöckel ist frosthart und du kannst es schon jetzt säen. Suche dir für die Direktsaat eine Stelle auf der von der Sonne abgewandten Seite im Beet aus. Das hat zwei Gründe: Erstens kann Liebstöckel wirklich riesig werden und so nimmt es deinen anderen Kräutern nicht die Sonne. Zweitens mag Liebstöckel Halbschatten, den die anderen Kräuter in den kommenden Wochen auf jeden Fall liefern können.

Hast du die passende Stelle gefunden? Dann los! Liebstöckel ist ein Dunkelkeimer, bedecke die Samen also nach der Saat mit etwa der dreifachen Samenstärke Erde und drücke alles mit der Handfläche leicht an. Anschließend einmal kräftig gießen und ab nun immer schön feucht halten. Nach 15–20 Tagen wirst du die ersten Keimlinge sehen können!

### TIPP VON DEN STADTGÄRTNERN

**Liebstöckel liebt Wasser. Die Pflanze wird bei Trockenheit zwar nicht sofort eingehen, verliert aber enorm an Geschmack! Um dem stark zehrenden Liebstöckel etwas Gutes zu tun, kannst du 1x im Monat das Gießwasser mit Brennnesseljauche mischen und es damit düngen.**

### KLEINER FUN FACT AM (BEET-)RANDE:

***Liebstöckel wird auch Maggikraut genannt, weil das Aroma stark an das bekannte Maggi-Würzmittel erinnert. Lustigerweise ist Liebstöckel aber keine Zutat im Maggigewürz.***

## MITTE APRIL

**Der April, der April, der macht, was er will ...**
... oder sollte es eher heißen: Der Dill, der Dill, der tut, was er will! Wieso? Wer Dill selbst aussät, wird es mit Sicherheit bald erleben: Auf Dill ist kein Verlass. Mal keimt er schnell, mal gar nicht und im zweiten Jahr sät er sich so rasant selbst aus, dass man sich vor Dill nicht mehr retten kann. Aber zunächst mal alles auf Anfang. Säe jetzt den Dill direkt in deinem Beet aus. Dafür legst du alle 10 cm 3–5 Samen in die Erde. Schon nach wenigen Tagen sprießt der erste Dill. Tut er nicht? Dann wiederhole die Aussaat an anderer Stelle, der Dill tut eben einfach, was er will.

### WUSSTEST DU SCHON?

*Dill wird auch oft als Gurkenkraut bezeichnet. Warum? Ganz einfach! Oder hast du schon mal einen Gurkensalat ohne Dill gegessen?*
*Zum Liebstöckel und Dill gesellt sich nun auch der Koriander, den du ebenfalls direkt ins Beet aussäen kannst. Koriander ist eher anspruchslos und sehr genügsam, was Wasser angeht. Selbst eine Düngung ist zu viel des Guten, damit machst du dich bei deinem Koriander nicht beliebt! Lieber die Erde regelmäßig etwas auflockern, das lässt ihn gut gedeihen.*




## ENDE APRIL

Hier ist vielleicht was los! Heute kannst du das Strauchbasilikum direkt in dein Hochbeet säen. Das Tolle ist: Durch eine sehr schnelle Keimung kannst du schon nach etwa drei Tagen die ersten Keimlinge in deinem Beet entdecken. Ein tolles Gefühl, oder? Sowieso: Strauchbasilikum ist eine Kräuterpflanze, an der man sich die ganze Saison über erfreuen kann. Nicht nur, dass es wunderbar würzig schmeckt. Es sieht mit seinen lila Blüten auch einfach wunderschön aus. Das finden übrigens auch die Bienen, die förmlich darauf fliegen werden!

Wie heißt es noch gleich? Wer zu viel arbeitet, wird betriebsblind. Aus diesem Grund schicken wir dich auf einen kleinen Ausflug! Im Gartencenter deines Vertrauens oder noch besser in einer Gärtnerei findest du Salbei, Rosmarin und Bohnenkraut.

### TIPP VON DEN STADTGÄRTNERN

**Obacht beim Einkauf! Wir empfehlen dir unbedingt das mehrjährige Winterbohnenkraut, auch bekannt als Bergbohnenkraut.**

Natürlich kannst du theoretisch alle Pflanzen auch selbst aussäen. Bei mehrjährigen Pflanzen bringt das Einsetzen von vorgezogenen Jungpflanzen aber einen großen Vorteil mit sich. Schon in derselben Gartensaison kannst du dich an einer reichen Ernte erfreuen! Selbst ausgesät würden die Pflanzen dieses Jahr langsam wachsen und erst im nächsten Jahr ihr volles Potenzial entwickeln. Beim Bergbohnenkraut bietet der Kauf einen zusätzlichen Vorteil: Die Pflanze ist bereits stark genug, um den Winter problemlos zu überstehen. Da ist dein Geld also gut angelegt – vor allem, weil du mehrere Jahre Freude daran haben wirst!

Achtest du beim Einsetzen der jungen Kräuterpflanzen in dein Beet auf die individuellen Vorlieben, kann eigentlich nichts schiefgehen:

**Salbei** ist ein Sonnenanbeter und mag gerne kalkhaltige Böden. Vor dem Einsetzen ins Beet kannst du etwas Sand unter die Erde mischen. Salbei benötigt nämlich eher wenig Wasser.

**TIPP VON DEN STADTGÄRTNERN**

**Um festzustellen, ob du den Salbei gießen musst, stecke einen Finger eng an der Wurzel 2 cm in die Erde. Ist die Erde noch feucht? Prima! Wenn nicht: mäßig gießen!**

**Rosmarin** ähnelt dem Salbei in seinen Ansprüchen. Er mag Sonne, aber nicht so viel Wasser und vor allem keine dauerhaft feuchte Erde. Seine Wurzeln drohen sonst zu faulen. Damit das Wasser besser abfließen kann, solltest du auch beim Rosmarin vor dem Einsetzen etwas Sand mit unter die Erde mischen.

**Bergbohnenkraut** bevorzugt ebenfalls sandhaltige Böden. Auch dort kannst du also vor dem Einsetzen Sand unter die Erde mischen. Bergbohnenkraut ist ansonsten eher anspruchslos, benötigt keine Düngung, mag es warm und sonnig. Die Pflanze ist nicht besonders durstig und kommt wesentlich besser mit Trockenheit als mit Nässe zurecht.

## ANFANG MAI

Pass auf deine frisch gekeimten Pflänzchen auf! Wenn dir auffällt, dass diese zu eng stehen und sich gegenseitig im Wachstum behindern, solltest du die kümmerlichsten Sämlinge entfernen und die jeweiligen Pflanzen so etwas ausdünnen. Auch wenn es jetzt vielleicht noch nicht danach aussieht: Gerade Liebstöckel und Dill wachsen im Laufe des Sommers zu großen Pflanzen heran, die viel Platz benötigen.

Kräuter-
garten

## MITTE MAI (NACH DEN EISHEILIGEN)

**Welcome to a new season!** Die Eisheiligen sind vorüber und damit ist unter den Hobbygärtnern endlich offiziell die Saison eröffnet. Auch frostempfindliche Pflanzen wie Kerbel und Majoran finden jetzt ihren Platz direkt in deinem Hochbeet.

Der Kerbel wird nun direkt ins Beet ausgesät. Eine Vorkultur wäre unsinnig, denn das sensible Wurzelwerk reagiert allergisch auf einen Umzug. Kerbel ist ein Lichtkeimer und darf bei der Aussaat nur leicht angedrückt, aber nicht mit Erde bedeckt werden. Suche dir eine Stelle im Beet auf der von der Sonne abgewandten Seite aus, denn Kerbel steht gerne im Halbschatten und wird an diesem Standort durch die anderen Kräuter von der Sonne abgeschirmt. Damit die Samen nicht wegschwimmen, solltest du anfänglich nur mit einer Sprühflasche wässern. Sobald Kerbel keimt, heißt es: Wasser marsch! Denn wer so schnell wächst wie der Kerbel, der muss auch viel trinken! Nach etwa 6–8 Wochen ist er erntereif.

*»Alles ist so viel besser, wenn die Sonne scheint!«*

Und vor allem schmeckt alles besser! Majoran liebt die Sonne und findet deshalb den idealen Standort auf der Seite deines Hochbeets, die der Sonne zugewandt ist. Wenn Majoran zu wenig Sonne abkriegt, büßt er an Aroma ein und schmeckt eher fad.

Du kannst den Majoran direkt aussäen. Mische aber zunächst an die Stelle im Beet etwas Sand unter die Erde. Auch Majoran ist ein Lichtkeimer und wird nicht mit Erde abgedeckt. Damit die Samen nicht bei der ersten Windböe wegfliegen, kannst du sie mit der Sprühflasche nass machen und so am Boden festkleben.

### WUSSTEST DU SCHON?

***Majoran ist eine gängige Zutat in vielen Brat- und Kochwürsten in Deutschland und wird deshalb auch »Wurstkraut« genannt.***

## AB JUNI

Uff, geschafft! Alle Kräuter sind gesät, alle Jungpflanzen eingesetzt. Zeit für eine kurze Verschnaufpause. Erfreue dich in den nächsten Wochen am Wachstum deiner Pflanzen, beobachte, wie gut sie gedeihen und genieße die ersten richtigen Sommertage!

***»Zu pflegen und zu hegen sei bereit, das Wachsen überlass der Zeit.«***

- SPRICHWORT -

MAI | JUNI | JULI

Arbeit gibt es natürlich trotzdem immer. Dein Beet und deine Pflanzen wollen gut versorgt sowie regelmäßig gepflegt werden.

Das Wichtigste dabei ist natürlich das Gießen! Je nach Wetterlage und Bedarf ist regelmäßiges Wässern ein Muss und darf nie vernachlässigt werden. Darüber hinaus kannst du einige kleine Maßnahmen ergreifen, damit sich deine Pflanzen auch weiterhin wohl bei dir fühlen. Entferne hier und da vertrocknete Triebe und schneide tote Blätter sofort ab. Unterstütze die großen Pflanzen, indem du ihnen Wuchshilfen anbietest oder sie mit Hilfe von Stäben stabilisierst. Halte den Boden zwischen deinen Kräuterpflanzen sauber und entferne regelmäßig Unkraut. Last but not least: Damit der Boden so luftdurchlässig und locker bleibt wie jetzt, kannst du ihn von Zeit zu Zeit harken.

## MITTE JUNI

Die schönste Zeit des Gartenjahrs steht vor der Tür: Die Erntezeit! Deine Mühen werden endlich belohnt: Kräftige und duftende Kräuter, wohin das Auge reicht. Die Erntezeit ist einfach großartig! Egal, wonach dir der Sinn steht, nun kannst du täglich an dein Hochbeet treten und dir je nach Lust und Laune jede Menge frische Kräuter ernten.

# Und so erntest du die Kräuter richtig

**Koriander:** Am schmackhaftesten sind die jungen Blätter der Korianderpflanze, die du ab Juni ernten kannst. Wenn du regelmäßig die feinen Blätter von oben nach unten abpflückst, zögerst du gleichzeitig die Blütezeit hinaus und kannst die Blätter noch länger ernten. Die Frage ist nur: Willst du das? Denn nach der Hauptblütezeit im Juli/August bildet Koriander grüne Knoten an den Blüten – und die sind reine Geschmacksgranaten! Noch nie probiert? Das ist nicht verwunderlich, denn die stecknadelgroßen Samen gibt es nur getrocknet zu kaufen und sie sind eher unbekannt. Zupfe sie einfach von den Stängeln ab und zerquetsche sie mit einem Mörser oder Ähnlichem und dann ab damit in dein Essen. Du wirst begeistert sein!

**Strauchbasilikum:** Die Blätter des Strauchbasilikums kannst du eigentlich die ganze Saison über ernten. Dabei sind die zarten, jungen Triebe besonders schmackhaft. Einzige Voraussetzung: Du schneidest die Blüten ab, sobald sie sich bilden. Denn fängt das Strauchbasilikum erst einmal an zu blühen, werden die feinen Triebe nicht mehr ausgebildet.

**Majoran:** Schon 2–3 Monate nach der Direktsaat Mitte Mai ist der Majoran bereit zur Ernte. Wie jedes Würzkraut schmeckt auch Majoran am besten frisch und sollte deshalb immer nach Bedarf geerntet werden. Zwar hält sich Majoran zur Not auch einige Tage, aber bei jeder noch so kleinen Berührung wird Aroma eingebüßt. Wichtig bei der Ernte: Keine einzelnen Blätter abrupfen, sondern ganze Stängel abschneiden und zwar immer nur das obere Drittel des Triebs. Den Schnitt steckt die Pflanze gut weg und wächst buschiger nach, indem sie neue Triebe ausbildet. Entgegen allgemeinem Unglauben kann Majoran auch noch während der Blüte geerntet werden. Wenn du allerdings eine größere Menge ernten willst, um diese zu trocknen, solltest du kurz vor der Blüte zuschlagen. Zu diesem Zeitpunkt enthält die Pflanze die meisten ätherischen Öle und ist besonders schmackhaft!

**Salbei:** Die Ernte wirkt oft wie ein »Pflegeschnitt«, so auch beim Salbei. Wenn du dich in der Erntezeit zwischen Mai und Ende August regelmäßig an den jungen Trieben des Salbeis bedienst, unterstützt du die Pflanze gleichermaßen beim weiteren Wachstum. Aber Vorsicht! Du solltest niemals die verholzten Teile abschneiden. Aus ihnen treibt dein Salbei im Frühjahr wieder aus. Spätestens Ende August solltest du deinen Salbei das letzte Mal für dieses Jahr beschneiden. So können die Schnittwunden noch vor dem ersten Frost wieder abheilen. Deine letzte Ernte kann aber ruhig großzügig ausfallen, denn überschüssige Blätter können einfach getrocknet und so für den Winter konserviert werden.

**Dill:** Etwa 1–2 Monate nach der Aussaat und ab einer Wuchshöhe von 15–20 cm kannst du deinen Dill ernten. Am aromatischsten sind die Dillspitzen, die du je nach Bedarf immer mit einer Länge von etwa 15 cm frisch abschneiden kannst. Solltest du bei der Ernte einmal zu übermütig gewesen sein, kannst du den geernteten Dill in ein Glas Wasser stellen und ihn so noch 1–2 Tage frisch halten. Auch eingefroren hält sich das Aroma sehr gut und lange. Wächst dein Dill in deinem Beet zu ausladend, kannst du ihn auch in der Erntezeit zwischendurch noch ausdünnen, indem du die schwächeren Pflänzchen aus der Erde ziehst.

Dein Dill blüht? Freu dich! Denn das bedeutet nur, dass das Aroma der Triebspitzen noch ausgeprägter ist. Außerdem sind die Blüten ein hübscher Hingucker sowohl in deinem Beet als auch in der Vase – vorausgesetzt, du stehst auf Blumensträuße, die aussehen wie frisch von der Wiese gepflückt!

**TIPP VON DEN STADTGÄRTNERN**

**Willst du dir fürs nächste Jahr Dillsamen sichern, solltest du den Zeitpunkt der Vollreife abwarten. Schneide dann die Blütendolden mit einer Schere ab und hänge sie zu kleinen Sträußen gebunden kopfüber an einem gut belüfteten Ort auf. Stülpe von unten saubere Papiertüten (zum Beispiel Butterbrotpapiertüten) über die Blütendolden. Mit der fortschreitenden Trocknung fallen die Samen von ganz allein in die Tüten.**

**Rosmarin:** Rosmarin ist das ganze Jahr über erntereif! Auch hier bedeutet die regelmäßige Ernte einen automatischen Pflegeschnitt für die Pflanze. Schneide ganze Triebe oder Triebspitzen mit einem scharfen Messer oder einer Schere ab, dann treibt die Pflanze umso stärker aus. Die nadelähnlichen Blättchen kannst du problemlos von den Stängeln abstreifen.

**Kerbel:** Ernte vom Kerbel einfach immer so viel, wie du gerade benötigst. Die Haupterntezeit liegt zwischen Mai und September. Frisch schmeckt er am allerbesten! Und: Sei wachsam! Entdeckst du Blütenknospen an deinem Kerbel, solltest du diese sofort abschneiden, bevor sie sich öffnen können. Blüht dein Kerbel erst einmal, ist er nämlich nicht mehr genießbar. Aber kein Grund zum Ärgern! Steht die Vollblüte an, kannst du dich an den hübschen, zarten, weißen Blüten erfreuen und den Kerbel einfach »machen lassen«. Lässt du ihn nämlich über Winter in deinem Beet stehen und nimmst ihn erst im Frühjahr aus der Erde, wird er sich mit Sicherheit ganz von selbst neu aussäen.

**Liebstöckel:** Sobald dein Maggikraut eine Höhe von etwa 20 cm erreicht hat, was Anfang Mai der Fall sein sollte, kannst du das erste Mal ernten. Dabei solltest du immer die zarten Seitentriebe wählen, denn die sind am aromatischsten. Schneide diese ruhig kurz oberhalb des Bodens ab. Deine regelmäßige Ernte fungiert auch bei Liebstöckel als hervorragender Pflegeschnitt. Durch das Entfernen der seitlichen Triebe gelangt mehr Kraft in den Haupttrieb, der massiv gestärkt wird und schnell an Höhe gewinnt. Der Erntezeitraum ist bei Liebstöckel relativ kurz. Sobald die Pflanze Anfang Juli anfängt zu blühen, solltest du aufhören zu ernten.

**Bergbohnenkraut:** Das Bergbohnenkraut ist eigentlich fast das ganze Jahr über erntereif. Auch hier lautet die Devise: Ernte immer so viel, wie du benötigst, denn das Kraut schmeckt am allerbesten frisch! Nimm die zarten Triebe und schneide die Pflanze nie bis in den verholzten Teil zurück. Sonst besteht die Gefahr, dass die Pflanze keine neuen Triebe mehr ausbildet. Möchtest du Bergbohnenkraut konservieren, ist der perfekte Zeitpunkt für einen kompletten Rückschnitt kurz vor der Blüte. Bergbohnenkraut lässt sich trocknen, ohne viel an Aroma einzubüßen.

**Toll, oder?** Im Sommer kannst du in diesem Beet immer etwas ernten. So viele verschiedene Düfte und Geschmacksrichtungen. Zu frischen Salaten, im Kochtopf und in der Pfanne, zum Dessert, zum Grillfest sowie in erfrischenden Drinks und Limonaden. Frische Kräuter sind vielseitig verwendbar und machen deine Speisen mit den passenden Aromen zu etwas Besonderem. Genieße die Zeit und sei großzügig! Nachbarn, Bekannte und Verwandte freuen sich ebenfalls über einen kleinen Blumen ...
... ähhh Kräuterstrauß als kleine Aufmerksamkeit zwischendurch. Einfach, weil Sommer ist!

## SEPTEMBER/OKTOBER

Langsam, aber sicher werden die Tage kürzer und die Temperaturen fallen wieder. Der Herbst drängt den Sommer langsam von der Bühne! Damit du dich an den mehrjährigen Pflanzen auch im nächsten Jahr erfreuen und du die einjährigen Pflanzen bis zum Saisonende genießen kannst, ist es Zeit, deine Pflanzen ein letztes Mal zu frisieren. Also, schnapp dir eine kleine Gartenschere und los geht's:

Das **Strauchbasilikum** ist extrem frostempfindlich und geht bei sinkenden Temperaturen schneller ein, als du gucken kannst. Deshalb empfiehlt es sich, die letzten warmen Tage zu nutzen, um es noch einmal radikal zu schneiden. Du kannst die Ernte für den Winter konservieren, indem du das Strauchbasilikum trocknest. Was du bei der Trocknung von Kräutern beachten musst, erfährst du auf den nächsten Seiten. Erledigt? Dann entferne die Pflanze nun aus deinem Beet. Du kannst versuchen, sie in einen Kübel zu pflanzen und zum Überwintern an einen warmen Ort zu stellen, aber wir machen dir nichts vor: Strauchbasilikum findet den Winter einfach doof! Meistens geht es schon nach ein paar Wochen ein. Aber hey: Wer nicht wagt, der nicht gewinnt, oder?

Auch den **Dill** kannst du nun komplett abernten und zum Haltbarmachen klein hacken und einfrieren. Getrocknet schmeckt der Dill nach gar nichts! Weil Dill einjährig ist, kannst du die Pflanzenreste nach der Ernte aus deinem Beet entfernen.

Auch **Koriander** ist eine einjährige Pflanze und kann nach der Ernte aus dem Beet genommen werden. Genau wie **Majoran**. Ernte den einjährigen Majoran jetzt noch einmal komplett ab und hänge die Ernte zum Trocknen auf. So musst du auch im Winter nicht auf sein Aroma verzichten.

### KLEINER TIPP

***Solltest du auch im nächsten Jahr wieder Kräuter anpflanzen, pflanze zumindest den Majoran unbedingt an eine andere Stelle. Er verträgt sich zwar gut mit anderen Pflanzen, mag sich offensichtlich aber selbst nicht. Nach drei bis vier Jahren kannst du ihn wieder an derselben Stelle anbauen.***

Wenn der **Kerbel** blüht, lass ihn stehen und entferne ihn erst im Frühjahr aus deinem Beet. Er hält das Bodenleben aktiv und sät sich auf diese Weise außerdem von selbst neu aus.

Den **Salbei** hast du bereits nach der Blüte um rund ein Drittel zurückgeschnitten – das ist aber auch genug! Würdest du ihn im Herbst erneut stutzen, würde sich die Pflanze davon vielleicht nicht mehr erholen. Sinnvoller ist ein Verjüngungsschnitt im Frühjahr – nach den stärksten Frösten und vor dem neuen Austrieb.

Wie beim Salbei ist auch beim **Rosmarin** im Herbst kein zusätzlicher Rückschnitt notwendig. Willst du dir aber für den Winter noch einen schönen Strauß davon trocknen, kannst du bei Rosmarin, der in ein frostfreies Winterquartier umzieht, ohne Bedenken zur Schere greifen. Deinem Rosmarin schadest du damit gar nicht. Überwinterst du ihn draußen, solltest du ihn lieber nicht mehr abschneiden. Hier sorgt ein Verjüngungsschnitt im Frühjahr dafür, dass der Rosmarin viele neue Triebe ausbilden kann und schön kompakt wächst.

## NOVEMBER

Wer hat bloß an der Uhr gedreht? Schon wieder neigt sich eine erfolgreiche Gartensaison dem Ende zu. Du hast deine Kräuter geerntet, die Einjährigen aus deinem Beet genommen und dir dabei noch einen Vorrat für den Winter gesichert. Doch bevor auch du dich zum Winterschlaf in dein warmes Wohnzimmer zurückziehst, solltest du noch einen halben Gartentag einlegen und dein Beet winterfest machen.

Lockere dafür die Erde wie im Frühjahr gründlich mit einer Harke auf. Passe dabei auf die verbliebenen Kräuter, die noch in deinem Beet stehen, auf und arbeite um sie herum. Im zweiten Schritt reicherst du die Erde mit frischem, schon voll zersetztem Kompost an und harkst ihn gründlich unter.

Nun geht es ans Überwintern deiner Kräuter. Salbei, Liebstöckel und Bergbohnenkraut sind zwar frostfest, einige Maßnahmen kannst du aber trotzdem ergreifen, um sie unbeschadet ins nächste Jahr zu bringen.

Alle Pflanzen kannst du zum Schutz vor Kälte und Nässe mit einer Schicht aus Reisig abdecken. Zusätzlich solltest du auf die Erde eine Schicht aus Herbstlaub legen. Das Laub wird sich bis zum Frühling teilweise zersetzen und den Boden mit Humus anreichern. Eine Abdeckung aus Laub sorgt außerdem dafür, dass deine Kräuterpflanzen auch extreme Witterungsbedingungen gut aushalten. So geschützt kannst du auch versuchen, den Rosmarin draußen zu überwintern. Er ist in rauen Gegenden nicht zuverlässig winterhart, aber im lockeren Boden des Hochbeets und mit einem Mantel aus Laub und Reisig kann er den Minusgraden besser trotzen. Du hast alle Maßnahmen ergriffen? Prima! Deine Pflanzen werden es dir danken, indem sie sich im nächsten Jahr wieder zur vollen Pracht entfalten. Wir wünschen dir eine kuschlige Winterzeit! An extrem kalten Tagen kannst du dich ja mit Kräutertee aus eigener Ernte aufwärmen …

### TIPP VON DEN STADTGÄRTNERN

**Rosmarin mag es wie gesagt kuschlig! Für die Extraportion Gemütlichkeit kannst du die Pflanze mit einem Wintervlies einhüllen. So fühlt sie sich auch im Winter bei dir wohl!**

So vielfältig wie die Kräuter in deinem Hochbeet sind auch die Möglichkeiten, wie du sie nutzen kannst. Indem du sie zum Beispiel zu Salzen oder Ölen verarbeitest, konservierst du sie gleichermaßen. Oder du trocknest die Kräuter einfach und machst sie dadurch haltbar. Probiere es aus! In deinem Beet sind bestimmt genug Kräuter vorhanden, um die verschiedenen Arten der Konservierung zu testen. Wie wäre es also mit …

## ... einem leckeren Kräuteröl?

Kräuteröl ist vielseitig verwendbar und einfach so lecker! Darüber hinaus ist die eigene Herstellung von Kräuteröl eine tolle Möglichkeit, frische Kräuter aus dem eigenen Hochbeet haltbar zu machen. Dass das Öl mit der Zeit den intensiven frischen Geschmack der Kräuter annimmt, liegt vor allen an den ätherischen Ölen in den Pflanzen. Ob zum Braten, Kochen oder als Dressing auf Salaten – der unverwechselbare Geschmack der Gartenkräuter ist ein Gedicht für den Gaumen!

**DAS BRAUCHST DU:**

- **Nach Geschmack: neutrales Öl oder Olivenöl**
- **frische Kräuter**
- **nach Belieben: Knoblauch, Chili**

### Und so geht's

**1** Kräuter ernten und säubern. Je nach Bedarf klein hacken oder ganz in eine vorbereitete, saubere Flasche einfüllen.
**2** Nach Belieben Knoblauch und Chili klein hacken und ebenfalls in die Flasche geben.
**3** Das Ganze mit dem Öl auffüllen. Wichtig ist, dass alle Kräuter komplett mit Öl bedeckt sind. Ruhig leicht schwenken und luftdicht verschließen.
**4** Für mindestens 4 Wochen an einem kühlen, dunklen Ort lagern. So kann sich der Geschmack der Kräuter in Ruhe auf das Öl übertragen.
**5** Nach Belieben vor Gebrauch filtern.

## ... getrockneten Kräutern?

Die wohl gängigste Methode, Kräuter für den Winter zu konservieren und haltbar zu machen, ist das Trocknen. Doch nicht alle Kräuter eignen sich dafür! Einige verlieren beim Trocknen leider teilweise oder sogar vollständig ihr leckeres Aroma.

**Diese Kräuter eignen sich bestens zum Trocknen:**
Lavendel, Majoran, Oregano, Salbei, Thymian, Rosmarin, Kamille, Waldmeister, Herzgespann, Bohnenkraut, Pfefferminze, Salbei, Beifuß, Zitronenverbene

**GOOD TO KNOW:**

***Oregano und Majoran schmecken getrocknet sogar noch besser, denn das Aroma wird beim Trocknen noch intensiver.***

**TIPP VON DEN STADTGÄRTNERN**

**Um noch lange ein intensives Kräuteraroma genießen zu können, solltest du die Kräuter unmittelbar nach der Trocknung zerkleinern und in fest geschlossenen Gefäßen aufbewahren.**

### TIPP VON DEN STADTGÄRTNERN

Kräuter, die sich nicht zum Trocknen eignen, können trotzdem konserviert werden – und zwar tiefgekühlt.

**Diese Kräuter verlieren beim Trocknen viel Aroma:**
Petersilie, Basilikum, Schnittlauch, Dill, Ysop, Zitronenmelisse

### TIPP VON DEN STADTGÄRTNERN

Einige Kräuter schmecken zwar auch getrocknet noch gut, müssen aber sehr schnell konserviert werden. Das Problem: Der hohe Anteil an Feuchtigkeit in den Pflanzen ist mit bloßer Lufttrocknung schwer wegzubekommen. Eine gute Alternative zu der schonenden Trocknung an der Luft wäre die Trocknung im Backofen. Wichtige Voraussetzung dafür ist, dass die Kräuter trocken geerntet werden. Darüber hinaus gibt es einige Punkte zu beachten:

**1. Temperatur: 30–50 °C (Maximum!)**
**2. Kräuter zerkleinern und großzügig auf einem Backblech auslegen (nicht zu eng)**
**3. Ofen einen Spalt offen lassen, sodass die Feuchtigkeit sich verflüchtigen kann**
**4. Trocknungsdauer: etwa 3 Stunden**
**5. Möglichst bei kleiner Temperatur starten und langsam auf bis zu 50 °C erhöhen**

**Diese Kräuter schmecken frisch besser:**
Pimpinelle, Liebstöckel (Maggikraut), Sauerampfer, Borretsch, Weinraute, Sauerampfer, Schwarznessel (Perilla) und Kresse

## … oder luftgetrockneten Kräutern?

**Kräuter ernten:** Wer fürs Trocknen eine größere Menge erntet, sollte den jeweils günstigsten Zeitpunkt der betroffenen Pflanze wählen. Oft ist dies kurz vor der Blüte. Kräuter wie Dill, Basilikum und Schnittlauch zum Beispiel verlieren deutlich an Aroma, wenn sie blühen. Suche dir für die Ernte einen sonnigen, regenfreien Vormittag aus.

**Kräuter säubern:** Um die Kräuter sauber zu machen, solltest du unbedingt auf Wasser verzichten. Du weißt ja, wo sie herkommen und dass sie ganz ohne Pestizide gezogen wurden. Ein bisschen schütteln und dabei Überbleibsel von Erde entfernen und schon sind die Kräuter fertig für die Trocknung.

**DAS BRAUCHST DU:**

- Schere/Messer
- einen warmen, geschützten Platz zum Aufhängen der Kräuter (möglichst nicht vollsonnig)
- aromadichte Behälter zur Aufbewahrung

## Und so geht's

**1** Ernte die gewünschte Menge an Kräutern aus deinem Hochbeet.
**2** Kräuter kurz säubern, dann mithilfe des Garns zu kleinen Bündeln zusammenbinden.
**3** Suche dir einen warmen, windgeschützten und schattigen Standort aus, wo du die Kräuterbündel kopfüber und locker nebeneinander aufhängen kannst. Achtung: Die Kräuter dürfen auf keinen Fall nass werden. In nur 3–4 Tagen sind deine Kräuter vollständig getrocknet!
**4** Nun kannst du sie in luftdichten Behältern verpacken. Gut eignen sich zum Beispiel alte Marmeladengläser; Papiertüten sind weniger gut geeignet, weil das Aroma mit der Zeit verfliegt.

**Und was macht man aus getrockneten Kräutern?**
Alles, was dein Herz begehrt! Getrocknete Kräuter schmecken prima als Tee, eignen sich hervorragend zum Würzen von Speisen oder zum Herstellen von Salzen und Ölen. Solltest du zum Beispiel kurz vor Weihnachten mal wieder ratlos auf der Suche nach Geschenkideen durch die Geschäfte streifen, denk doch an die Kräuter in deinem Schrank! In hübsche Gläser oder Flaschen abgefüllt sind gerade solche selbst gemachten, praktischen Geschenke ein toller Hingucker unterm Baum und ein Garant für echte Weihnachtsfreude!

# HAUSAPOTHEKE

*»Andere gehen zur Therapie. Ich gehe in meinen Garten.«*

Es kratzt im Hals? Es zwickt im Bauch? Es hämmert im Kopf? Ach, diese kleinen Wehwechen können einem das Leben ganz schön schwer machen. Doch damit ist nun Schluss! Denn mit deiner persönlichen Hausapotheke kannst du dir zu Hause selbst pflegende Gesichtsmasken und beruhigende Tees herstellen, die schnell wirken. Aloe Vera, Kraut der Unsterblichkeit (Jiaogulan), Japanische Heilölminze, Brahmi und Baldrian – du wirst schnell feststellen, dass Kräuter nicht zu unterschätzen sind und – wenn du sie richtig verwendest – guttun!

Hausapotheke

## ÜBERSICHT PFLANZEN

| | Sonne | Wasserbedarf | Nährstoffbedarf |
|---|---|---|---|
| Jiaogulan/Kraut der Unsterblichkeit | ☀ ½ | 💧💧 | 🌱 |
| Japanische Heilölminze | ☀ ½ | 💧💧 ½ | 🌱🌱 |
| Baldrian | ☀☀☀ | 💧💧💧 | 🌱🌱🌱 |
| Zitronenverbene | ☀☀☀ | 💧💧 | 🌱 |
| Blutampfer | ☀☀ ½ | 💧💧 | 🌱🌱 |
| Brahmi | ☀☀☀ | 💧💧💧 | 🌱 |
| Orangenthymian | ☀☀ | 💧 | 🌱 |
| Spitzwegerich | ☀☀ ½ | 💧 | 🌱 |
| Aloe Vera | ☀☀☀ | 💧 | 🌱 |

**SONNE**
- ☀☀☀ *viel*
- ☀☀ *mittel*
- ☀ *wenig*

**WASSER**
- 💧💧💧 *viel*
- 💧💧 *mittel*
- 💧 *wenig*

**NÄHRSTOFF**
- 🌱🌱🌱 *Starkzehrer*
- 🌱🌱 *Mittelzehrer*
- 🌱 *Schwachzehrer*

### BEETPLAN

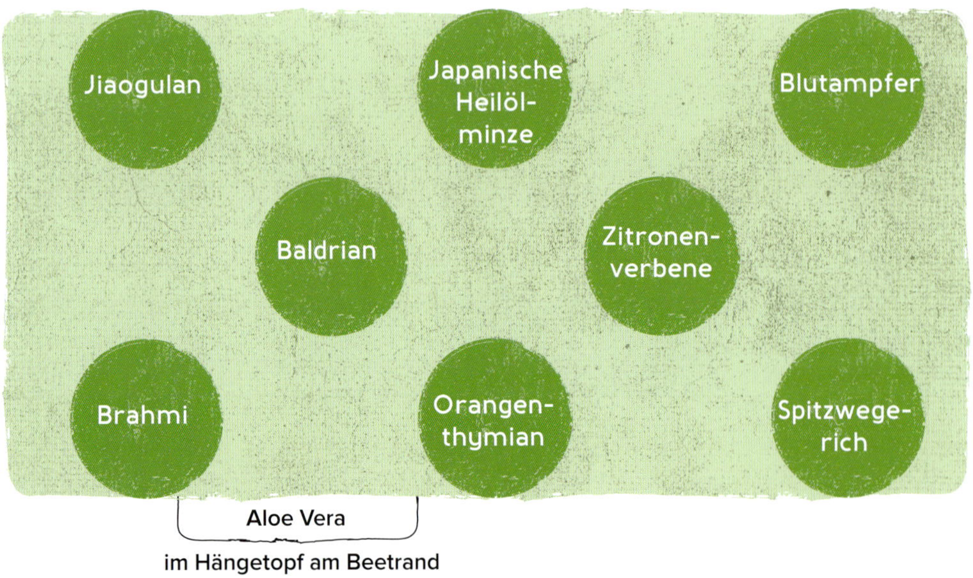

## MITTE MÄRZ

### *»Gegen alles ist ein Kraut gewachsen!«*

**Endlich Frühling!**
Nach den kalten Wintermonaten und den viel zu kurzen Tagen, kannst du die Sonne jetzt gar nicht mehr erwarten. Wir freuen uns mit dir! Mit dem Beet »Hausapotheke« hast du eine exzellente Wahl getroffen. Mit der vielfältigen Auswahl an neun wohltuenden Heilkräutern kommst du nicht nur gesund und munter durchs Jahr, sondern sie werden dich darüber hinaus glücklich machen! Du glaubst uns nicht? Warte mal ab, bis die erste Pflanze in deinem Beet anfängt zu blühen ... Die Blüten und ihr Duft sind eine Wohltat für Geist und Körper!

Damit du dein Hochbeet schon bald mit Heilkräutern bepflanzen kannst, benötigt es nicht mehr viel. Lediglich zwei klitzekleine Maßnahmen solltest du vorweg ergreifen, um den Boden optimal für die kommende Gartensaison vorzubereiten. Also, weg mit der Winterdepression! Schnappe dir eine Harke und lockere die Erde zunächst gut auf. Je gründlicher, desto besser. Die Arbeit wird deine müden Geister schon aufwecken. Bist du erst einmal in Fahrt, wirst du schnell feststellen, wie gut dir die körperliche Betätigung und die frische Luft tun! Deine Pflanzen werden dir ein tiefgründig gelockertes Erdreich danken.

Nutze den Tatendrang und geh gleich noch einen Schritt weiter. Denn für ein perfekt vorbereitetes Beet brauchst du noch eine Kleinigkeit: Mische frischen, schon voll zersetzten Kompost unter die Beeterde. So versorgst du deine Pflanzen die ganze Saison über mit Nährstoffen. Erledigt? Großartig! Dann steht einer erfolgreichen Gartensaison ja nichts mehr im Wege!

**TIPP VON DEN STADTGÄRTNERN**

**Niemals ohne meinen Doktor! Wir sind große Fans von Heilkräutern. Trotzdem können und wollen wir kein Heilversprechen geben. Halte also zwischendurch immer Rücksprache mit deinem Arzt, wie und in welchen Mengen du Heilkräuter einnehmen und wann du auf konventionelle Medizin umsteigen solltest.**

## ANFANG APRIL

Der April ist dein Startschuss für die Vorkultur der Zitronenverbene. Zwar darf sie jetzt noch nicht ins Beet, denn da würde sie erfrieren, aber auf deiner Fensterbank findet sich sicher ein warmer, halbschattiger Platz. Zitronenverbene ist nicht besonders anspruchsvoll in Bezug auf den Boden. Mische die feinen Samen mit Sand und streue sie gleichmäßig in eine mit Aussaaterde gefüllte Anzuchtschale. Nicht mit Erde abdecken, Zitronenverbene ist ein Lichtkeimer! Schnappe dir eine Sprühflasche zum Wässern und bedecke die Anzuchtschale mit Glas oder Folie. Nun heißt es: abwarten und Tee trinken.

**Doch was ist das? Die Sonne scheint!** Zeit, deine Vitamin-D-Speicher aufzufüllen. Also, Ausflug ins Grüne gefällig? Dann pack die Badeho... äh, wir meinen natürlich die Schaufel ein! Denn es gibt eine Pflanze, die bei uns heimisch und an Waldlichtungen, Wiesenrändern und in Gärten zu finden ist. Die Rede ist von Spitzwegerich. Mache dich auf die Suche und siedle einfach 2–3 hübsche junge Pflanzen in dein Hochbeet um. Dort angekommen solltest du den Spitzwegerich gerade am Anfang reichlich gießen – so fällt das Eingewöhnen an das neue Zuhause viel leichter.

## MITTE APRIL

**Herzlich Willkommen, Blutampfer!**
Begrüße den zweiten Gast in deinem Hochbeet, der direkt ins Beet gesät wird. Aber Vorsicht! Weil auch die Samen des lichtkeimenden Blutampfers nicht mit Erde bedeckt sein dürfen, sind sie ein gefundenes Fressen für Vögel. Diese finden die Samen absolut köstlich! Wird es dir zu bunt mit den Dieben aus der Luft, kannst du für die Zeit bis zur Keimung (etwa 1–2 Wochen) ein Netz über dein Beet spannen, das hält die fliegenden Räuber fern. Blutampfer braucht übrigens viel Wasser!

### TIPP VON DEN STADTGÄRTNERN

**Suche dir für die Aussaat des Blutampfers eine Ecke deines Hochbeets aus. So kannst du den Blutampfer recht breitflächig aussäen und brauchst die Pflanzen später nicht zu vereinzeln.**

### WUSSTEST DU SCHON?

***Blutampfer ist die schöne Schwester des Sauerampfers. Seinen Namen erhielt er wegen der roten Adern, die die saftigen, dunkelgrünen Blätter durchziehen und stark an Blutgefäße erinnern.***




## ENDE APRIL

**Juhu, es geht voran!**
Dein Blutampfer zeigt die ersten feinen Blättchen, der Spitzwegerich sollte sich in deinem Beet bereits gut eingelebt haben und auch die Zitronenverbene auf deiner Fensterbank ist wahrscheinlich schon gekeimt. Sobald die jungen Pflänzchen 2–3 Blattpaare ausgebildet haben, solltest du sie pikieren und ihnen so genügend Raum zur Entfaltung geben.

Zum Spitzwegerich und Blutampfer gesellen sich Ende April noch mehr Pflanzen: Kraut der Unsterblichkeit, Japanische Minze, Baldrian und Orangenthymian finden jetzt ebenfalls ihren Weg ins Beet. Unternimm dafür einen kleinen Ausflug zur Gärtnerei deines Vertrauens. Vergiss nicht, deine Kreditkarte einzustecken. Wer weiß, welche Kostbarkeiten du noch entdeckst?!

Also, widmen wir uns wieder deiner Einkaufsliste: Damit sich das **Kraut der Unsterblichkeit,** in Fachkreisen Jiaogulan genannt, bis zum Winter einwurzeln und so der Kälte trotzen kann, macht es Sinn, eine vorgezogene Jungpflanze zu kaufen. Tauche die Wurzelballen vor dem Einsetzen ins Beet so lange in Wasser, bis keine Luftblasen mehr aufsteigen. Und auch nach dem Einsetzen musst du ordentlich wässern! Rund 3–5 Liter pro Woche sind am Anfang ideal. Sobald der Jiaogulan eingewurzelt ist, braucht er nicht mehr so viel Wasser.

**TIPP VON DEN STADTGÄRTNERN**

**Setze Jiaogulan unbedingt an den Beetrand! Innerhalb kurzer Zeit rankt die Pflanze wunderschön über dein Beet hinaus und ist mit seinen gefingerten Blättern ein absoluter Hingucker!**

**Japanische Minze** ist die wilde Schwester der Pfefferminze und wird daher auch Ackerminze genannt. Wie alle Minzsorten wuchert sie extrem. Zwar wird die Pflanze oberflächlich nicht besonders groß, aber unterirdisch vermehrt sie sich umso rasanter! Um das zu verhindern, hast du zwei Möglichkeiten: Entweder du bearbeitest den Boden ringsherum regelmäßig mit einer Harke und entfernst die Ausläufer, oder du pflanzt die Minze mit dem Topf in dein Beet ein. Your Choice!

**KLEINER FUN FACT**

***Die Römer trugen nicht nur Lorbeerkränze: Aus der römischen Geschichte geht hervor, dass sich die Männer vor Feiern und größeren Saufgelagen Minzkränze um die Häupter legten. Das sollte wohl dem fiesen Kater am nächsten Tag vorbeugen. Ob's geholfen hat?***

Für mehr Grün
im Grau

Auch deinen **Baldrian** solltest du schon vorkultiviert kaufen, denn so hübsch er auch oberflächlich aussieht, nur die Wurzel hat heilende Kräfte. Und die bildet sich erst im zweiten Jahr richtig aus!

### WUSSTEST DU SCHON?

*Weil Katzen den Duft von Baldrian extrem betörend finden, wird die Pflanze auch »Katzenkraut« genannt.*

**Last but not least:** Deinen **Orangenthymian** setzt du auch besser bereits als Jungpflanze in dein Beet. Warum? Die Samen des Orangenthymians sind so winzig, dass sie bei der Direktsaat mit dem nächsten Guss sofort wegschwimmen würden. Also lieber auf Nummer sicher gehen! Ansonsten kannst du dich darauf verlassen, dass die Pflanze sich schnell an die neue Umgebung gewöhnen wird. Orangenthymian ist nämlich anspruchslos: Wenig Nährstoffe und wenig Wasser. Im Grunde musst du ihn so gut wie nie gießen, außer, wenn der Sommer extrem heiß und trocken ist und an den Tagen direkt nach dem Einsetzen ins Beet.

## ANFANG MAI

Schau doch mal nach dem Blutampfer! Wächst er nun doch zu dicht? Dann ist jetzt der richtige Zeitpunkt, um ihn zu vereinzeln und dadurch auszudünnen. Nachbarn, Freunde und Verwandte freuen sich garantiert über hübsche vorgezogene Blutampfer-Jungpflanzen. Ab jetzt mag dein Blutampfer auch alle zwei Wochen gedüngt werden, am besten mit einem Kräuterdünger aus dem Pflanzenfachhandel.




## MITTE MAI (NACH DEN EISHEILIGEN)

**Oh, welch eine fantastische Zeit!**
Nach den Eisheiligen kann die Gartensaison nun offiziell eröffnet werden und deine vorkultivierte Zitronenverbene darf endlich nach draußen.
Aber Obacht! Willst du ein pfiffiger Gärtner sein, setze die Pflanze samt Topf in dein Beet ein. So kannst du sie später leichter ins Winterquartier umsiedeln. Ganz schön raffiniert, oder?
Zitronenverbene stellt keine besonderen Ansprüche. Gegen eine regelmäßige Düngung hat die Pflanze allerdings nichts einzuwenden.
**Riechst du das?**
Mit dem Einsetzen der Zitronenverbene in dein Beet verbreitet sich nun ein angenehmer Geruch in der Umgebung. Der erfrischende Duft nach Zitrone lässt doch glatt Fernweh aufkommen!

Geh doch ein zweites Mal in die Gärtnerei. Dieses Mal auf deiner Einkaufsliste: Aloe Vera und Brahmi. Ganz schön exotisch, was?

**Aloe Vera** darf nicht fehlen in deiner persönlichen Hausapotheke! Gerade im Sommer kannst du das wertvolle Gel zur Behandlung von kleinen Sonnenbränden, Insektenstichen oder einfach als kühlende Gesichtsmaske auftragen. Die Pflanze solltest du unbedingt in einem Kübel halten. In deinem Beet würde sie sich nicht wohlfühlen, denn sie stellt ganz besondere Anforderungen an den Boden. Suche dir also einen geeigneten Topf, den du dekorativ an den Rand deines Hochbeets hängen kannst. Netter Nebeneffekt: Aloe Vera ist nicht winterhart und kann so schnell und unkompliziert vor dem ersten Frost umgesiedelt werden. Die Erde solltest du gut mit Sand mischen, gerne darf auch gröberes Material wie Splitt oder Kies untergemischt werden. Gießen musst du die Aloe Vera kaum.

**Brahmi** ist ein herrliches Kraut. Wegen ihrer kleinen, fleischigen Blätter wird die Pflanze auch »Fettblatt« genannt. Beim Einkauf ist Vorsicht geboten! Denn es kann mit dem Indischen Wassernabel, der leider auch manchmal als Brahmi deklariert wird, verwechselt werden. Sei also wachsam und frage im Zweifel noch einmal nach! Brahmi mag feuchte Böden und bleibt mit etwa 15 cm ziemlich klein. Die Pflanze breitet sich eher zu den Seiten statt in die Höhe aus und kriecht so langsam über das Beet. Das ist sehr praktisch, denn Brahmi sollte windgeschützt stehen und wird durch den Beetrand geschützt. Brahmi muss frostfrei überwintern, deshalb pflanzt du ihn entweder im Topf ein oder buddelst ihn später aus.

## ENDE MAI

**Oh, was für ein Augenschmaus!**
Die ersten Pflanzen in deinem Beet fangen jetzt an zu blühen und ziehen mit ihren süßlichen Düften zahlreiche Insekten wie Schmetterlinge, Bienen und Hummeln an. Da ist richtig was los in deinem Beet!

Der Sommer ist da – die beste (Ernte-)Zeit für alle Hobbygärtner! Jetzt kannst du dich täglich an deinen Pflanzen erfreuen, bei dem kleinsten Schnupfen Kräuter für Tee ernten, den ersten Sonnenbrand mit Aloe Vera kühlen und das Völlegefühl nach dem Grillfest mit einem leckeren Minztee lindern. Doch vergiss nicht: Damit du dein Beet nun viele Monate genießen kannst, solltest du es regelmäßig pflegen. Zupfe Unkraut, entferne vertrocknete Blätter, lockere den Boden zwischen den Pflanzen von Zeit zu Zeit mit einer Harke auf und das Wichtigste: Immer schön gießen!

**TIPP VON DEN STADTGÄRTNERN**

**Mach die Daumenprobe! Um zu wissen, wann Wasser benötigt wird, ist sie Gold wert. Einfach den Daumen einige Zentimeter in die Erde stecken und fühlen, ob der Boden noch feucht ist. Nicht? Dann Wasser marsch!**



## Kräuter richtig ernten und verarbeiten

**Jiaogulan** kannst du ganzjährig ernten! Wenn du kontinuierlich junge, frische Blätter mitsamt der Triebe abschneidest, hältst du die Pflanze gesund und hilfst ihr beim weiteren Wachstum. Frisch ist die Pflanze vielseitig verwendbar. Wer sich am leicht bitteren Geschmack nicht stört, kann sie als Tee (Blätter), als Salatbeilage oder als gesunden Snack zwischendurch (frische Triebspitzen) verwenden. Gekocht kannst du die Blätter wie Spinat essen und auf jeden Fall solltest du dir einige Blätter als Wintervorrat trocknen. Der leicht nach Lakritze schmeckende Tee bringt dich gut durch die kalte Jahreszeit!

Auch die Blätter der **Japanischen Minze** kannst du das ganze Jahr über ernten und als Tee zubereiten oder zum Würzen von Speisen verwenden. Aber auch hier gilt: Lieber ganze Triebe abschneiden, so treibt die Pflanze weiter aus! Ab Juli entfaltet deine Minze blühende Triebe, die ebenfalls verwertbar sind. Lass sie deshalb ruhig blühen. Die Bienen danken es dir!

Der **Baldrian** lockt zwar mit schönen, großen Blättern, aber nur die Wurzel kann verwendet werden. Wenn du auf Nummer sicher gehen und dein Hochbeet sowieso längerfrisitg betreiben willst, lass der Pflanze ruhig noch etwas Zeit und grabe sie erst im September des zweiten Jahres aus.

Grabe den **Baldrian** samt der Wurzel aus und wasche diese sehr gründlich. Dann hängst du die Wurzel an einem warmen, schattigen Ort zum Trocknen auf. Die getrocknete Wurzel kannst du klein schneiden oder mahlen und sowohl als Tee genießen oder als Tinktur verdünnt mit Wasser einnehmen. Auch ein Vollbad aus Baldrian kann wahnsinnig entspannend sein – gerade im Winter!

**Zitronenverbene** kannst du eigentlich das ganze Jahr über ernten, indem du stets einen ganzen Trieb abschneidest und danach die Blätter einzeln davon abzupfst. Dabei macht es gar nichts, wenn du zu viele Blätter erntest. Auch getrocknet behalten sie ihr Aroma und schmecken weiterhin köstlich nach Zitrone. Im Tee, in Sodawasser oder in Limonaden – der Geschmack ist einmalig und erfrischt dich!

Den **Blutampfer** erntest du, indem du einzelne Blätter abzupfst. Das geht bis zur Blüte! Blüht dein Blutampfer, solltest du die Blätter nicht mehr verzehren. Die Erntezeit kannst du aber verlängern, indem du Blütentriebe sofort entfernst, sobald sie sich bilden. Frische Blätter sind recht mild im Geschmack, getrocknet werden sie leider bitter. Also: Lieber frisch genießen – zum Beispiel im sommerlichen Salat!

Von der **Aloe Vera** sind nicht die Blätter als solche interessant, sondern das Gel, das sie enthalten. Um es aus dem Blatt zu lösen, schneidest du eins der größten, äußeren Blätter mit einem scharfen Messer ab, lässt es für einige Stunden in einem Glas abtropfen und schneidest dann das Blatt der Länge nach auf. Als kühlende Gesichtsmaske oder zur Behandlung von Insektenstichen ist Aloe Vera einfach grandios! Schau doch auch mal auf Seite 98, dort findest du eine detaillierte Anleitung, wie du das Gel am besten gewinnst und außerdem ein Rezept für eine wohltuende Gesichtsmaske.

**TIPP VON DEN STADTGÄRTNERN**

**Aloe Vera auf keinen Fall essen! Das Gel der Aloe Vera darfst du nur äußerlich und oberflächlich anwenden.**

Die Blätter der **Brahmi** kannst du das ganze Jahr über frisch ernten. Nur im Winter solltest du etwas Rücksicht nehmen. Da die Pflanze durch den Ortswechsel sowieso unter Stress steht, solltest du die Ernte etwas zurückschrauben. Sorge einfach im Sommer schon für die kalten Wintermonate vor und hänge dir kleine, gebundene Sträuße zum Trocknen auf. Dann einfach klein schneiden oder mahlen und dunkel und trocken lagern. Als Tee ist Brahmi äußerst heilsam, wenn auch nicht wirklich lecker. Mit etwas Fruchtsaft, Zitrone und/oder Honig kannst du deinen Tee aber kinderleicht aufpeppen.

**GOOD TO KNOW**

> ***Brahmi erhielt seinen Namen von nichts Geringerem als dem höchsten aller Bewusstseinszustände im Hinduismus, dem Brahman. Na dann Prost!***

Bei der Ernte des **Orangenthymians** hängt alles vom richtigen Zeitpunkt und dem Gehalt an ätherischen Ölen ab. Am besten erntest du ganze Triebspitzen früh am Morgen und kurz vor der Blüte. Orangenthymian schmeckt sowohl frisch als auch getrocknet und kann als Tee getrunken oder zum Würzen von Speisen verwendet werden. So machst du schweres Essen von vornherein leichter verdaulich.

**Spitzwegerich** ist ein Allrounder. An sich sind alle Teile der Pflanze bekömmlich und verwertbar. Als Tee getrunken, in Smoothies gemixt oder als Beigabe im Salat – der leicht bittere, nussige Geschmack der Blätter ist überall gern gesehen. Doch Spitzwegerich kann noch mehr! Biologischer Hustensaft lässt sich kinderleicht und im Handumdrehen selbst machen. Suche doch mal im Internet nach dem Rezept. Unter den Begriffen »Spitzwegerich Hustensaft selbst gemacht« wirst du fündig. Wir haben gehört, mit Orangenthymian funktioniert es auch.

## OKTOBER

Es ist jedes Mal aufs Neue eine traurige Einsicht: Der Sommer ist vorbei und der Herbst klopft vernehmlich an die Tür. Nun ist es an der Zeit, die Pflanzen zu versorgen, bevor der erste Frost über sie hereinbricht.

Das **Kraut der Unsterblichkeit** ist bedingt winterhart und darf zumindest in milden Regionen in deinem Beet stehen bleiben. Die Pflanze hat sich seit dem Einsetzen im April so stark eingewurzelt, dass die Chancen zum Überwintern gut stehen. Ein zusätzlicher Schutz aus Reisig direkt an der Wurzel ist aber trotzdem wichtig! Jiaogulan überwintert unterirdisch und treibt im März wieder neu aus der Wurzel aus. Im Frühjahr solltest du ihn deshalb bodentief zurückschneiden. In kälteren Regionen überwinterst du ihn drinnen und kannst die Blätter das ganze Jahr über ernten.

Deine **Japanische Minze** kannst du einfach stehen lassen. Sie ist absolut winterhart! Ein radikaler Rückschnitt ist nicht notwendig. Du könntest ihn aber vornehmen, wenn du dir Minze für den Winter trocknen möchtest. Falls du im nächsten Jahr anfängst, dir Sorgen zu machen: Die Japanische Minze erwacht nur sehr langsam aus ihrem Winterschlaf, wird sich aber spätestens im Mai mit neuen Trieben zeigen. Hab Geduld mit ihr!

Auch **Baldrian** ist hart im Nehmen und bleibt im Winter draußen. Er macht sich sogar nackig und wirft seine Blätter und Blüten bei sinkenden Temperaturen ab. Ganz schön krasser Typ! Im Frühjahr kannst du die eingetrockneten Stängel ebenfalls abschneiden, er wird neue ausbilden.

**Blutampfer** ist völlig unkompliziert und überwintert im Freien. Im Frühjahr kannst du die Pflanze einmal komplett »abernten«, damit sich frische Blätter ausbilden.

Dem **Orangenthymian** solltest du einen Rückschnitt verpassen, bevor er in den Winterschlaf geht. Kürze ihn mit einer Schere bis zu den verholzten Stängeln runter und bedecke diese mit Reisig als zusätzlichen Winterschutz.

Den wilden **Spitzwegerich** kannst du theoretisch ebenfalls in deinem Beet stehen lassen, wenn du ihn auch im nächsten Jahr noch ernten willst. Aber denke dran: Wildkräuter wuchern! Vielleicht ist es besser, sich zum Winter hin von dieser Pflanze zu verabschieden. Denn du weißt ja: Unkraut vergeht nicht …

Die **Zitronenverbene** hingegen ist absolut nicht winterhart! Du kannst den Herbst nutzen, um die Triebe radikal auf ein Drittel runter zu kürzen und für den Wintervorrat zu trocknen. Dann solltest du die Pflanze an einen dunklen Ort bei etwa 5–15 °C zum Überwintern stellen. Die restlichen Blätter wirft sie von selbst ab. Im Frühjahr schneidest du die eingetrockneten Stängel ab und musst ansonsten sehr geduldig mit ihr sein und sie langsam an das Sonnenlicht gewöhnen. Zitronenverbene darf erst nach den Eisheiligen zurück ins Freiland.

**Brahmi** reagiert auf die kälteren Temperaturen oft mit einigen welken Blättern und Trieben. Diese solltest du unbedingt entfernen, denn sie rauben der Pflanze unnötig Kraft. Nun muss die Pflanze in einen Topf umsiedeln, denn sie ist zwar mehrjährig, aber nicht winterhart. Gib gut acht auf die Wurzeln und untersuche sie auf faulige Stellen. Am besten spülst du die Wurzeln mit der Duschbrause einmal kräftig ab und setzt sie dann in einen mit Erde vorbereiteten Topf. Eigentlich kann sie dann auch gleich dort im Badezimmer bleiben, denn Brahmi fühlt sich in warmen Räumen mit einer hohen Luftfeuchtigkeit ganz besonders wohl.

**Aloe Vera** ist ebenfalls nicht winterhart, aber etwas unkomplizierter in der Handhabung. Schnappe dir einfach die Pflanze samt Kübel und nimm sie mit ins Haus. Mitte Mai darf sie dann wieder nach draußen umziehen. Wichtig ist auch hier, dass du sie nach der Winterpause langsam an das Sonnenlicht gewöhnst und zunächst nur in den Halbschatten stellst.

Wahnsinn, wie die Zeit vergeht. Eben erst hast du die Zitronenverbene auf deiner Fensterbank ausgesät, nun neigt sich die Gartensaison schon wieder dem Ende zu. Einen wichtigen Schritt hast du bereits geschafft: Alle Pflanzen sind optimal auf die kalte Winterzeit vorbereitet. Und auch du könntest dich nun zur Ruhe setzen, wäre da nicht noch eine Kleinigkeit, um die du dich kümmern musst: Dein Beet winterfest machen!
Dafür lockerst du (wie damals im Frühling) die Erde in deinem Beet mithilfe einer Harke ordentlich auf. Sei dabei besonders achtsam und arbeite vorsichtig um deine Pflanzen herum. Nun gibst du wieder etwas Kompost mit ins Beet und arbeitest diesen in die Erde ein. Auf diese Weise sicherst du dir auch im nächsten Jahr einen nährstoffreichen Boden.

Das war es auch schon fast. Decke dein Beet als allerletzten Schritt mit Herbstlaub ab. Über den Winterschutz freuen sich nicht nur deine Pflanzen, auch der Nährstoffhaushalt wird positiv beeinflusst. Durch das Abdecken des Bodens werden die Nährstoffe nämlich nicht so schnell aus der Erde gewaschen – eine absolute Win-win-Situation also! Und nun wünschen wir dir eine gemütliche Winterzeit und hoffen, dass du im nächsten Frühjahr wieder gesund und fröhlich mit uns in eine neue Gartensaison startest!



## Die heilende Kraft der Kräuter

Was sie nicht alles können, die Pflanzen. Gut schmecken, schön aussehen und dann auch noch heilen?! Die Pflanzenheilkunde beschäftigt sich seit jeher mit der Wirkung von Pflanzen auf verschiedene Krankheitsbilder und nutzt sie zu Therapiezwecken. Vielen Pflanzen wird dabei Heilkraft zugeschrieben. Gerade unter den Kräutern gibt es Arten, die bei kleineren und größeren Wehwehchen helfen oder unterstützend eingesetzt werden können. Sieh selbst, welche Wirkungen deinen Pflanzen nachgesagt werden:

**TIPP VON DEN STADTGÄRTNERN**

**Wusstest du schon? Der Fachbegriff für Pflanzenheilkunde ist Phytotherapie. Sie zählt zu den ältesten naturheilkundlichen Therapien überhaupt.**

| Heilpflanze | Heilwirkung | Wehwehchen | Form |
|---|---|---|---|
| **Aloe Vera** | entzündungshemmend, schmerzlindernd, wundheilend, pilztötend, kühlend | Hauterkrankungen, Verbrennungen, Sonnenbrand<br>Kosmetik | Gel<br>Bestandteil vieler Kosmetikprodukte |
| **Baldrian** | beruhigend, entspannend<br>schlaffördernd<br>krampflösend, beruhigend | Nervosität, Unruhe, Stress, Herzrasen, Prüfungsangst, Reizbarkeit, Überarbeitung<br>Schlafstörungen<br>Schmerzen im Magen-/Darmtrakt | Wurzel verarbeitet zu Tee/ Badezusatz |

| Heilpflanze | Heilwirkung | Wehwehchen | Form |
|---|---|---|---|
| **Blutampfer** | blutreinigend, harntreibend, appetitfördernd<br>entzündungshemmend | Blutreinigung<br>Mundschleimhautentzündung | junge Blätter als Salatbeilage, Tee, Saft<br>Mundspülung |
| **Brahmi »Kraut der Erkenntnis«** | Verbesserung der Gedächtnisleistung<br>stimmungsaufhellend<br>stress-/angstlösend, beruhigend, entspannend, allgemeines Stärkungsmittel | Lernschwächen, Konzentrationsprobleme, Prüfungsängste<br>Depressionen, Stress<br>geistige Ermüdung | Tee mit Saft gemischt, da sonst zu bitter |
| **Japanische Heilölminze** | antiseptisch, entzündungshemmend<br>krampflösend<br>schmerzlindernd, entspannend, da kühlend & erfrischend | Erkältungskrankheiten, Schnupfen, Husten mit zähflüssigem Schleim<br>Verdauungsbeschwerden wie Blähungen, Völlegefühl<br>Kopfschmerzen, Migräne, Muskelverspannungen | Tee, Dampfbad<br>Öl zum Einmassieren/Einreiben |
| **Jiaogulan »Kraut der Unsterblichkeit«** | Beruhigung, Stressabbau<br>herzstärkend, durchblutungsfördernd, blutdrucksenkend, Stärkung körpereigener Abwehrkräfte<br>vitalisierend | Stress, Nervosität<br>körperliche Angeschlagenheit, Herz-Kreislauf-Erkrankungen | Tee |
| **Orangenthymian (Wirkung wie Thymian, nur sehr viel aromatischer im Geschmack)** | desinfizierend, entzündungshemmend<br>krampflösend | Erkältungen, Erkrankung der Atemwege, Husten, Bronchitis<br>Durchfall, generelles Magenleiden, Sodbrennen, Kopfschmerzen | Tee |
| **Spitzwegerich** | antiseptisch, beruhigend (Schleimhäute)<br>antibakteriell, entzündungshemmend | Erkrankungen der Atemwege wie Husten, Asthma, Erkältungen<br>kleine Verletzungen, Wunden, Insektenstiche | Tee (innerliche Anwendung), zum Gurgeln<br>zum Einreiben (äußerliche Anwendung) |
| **Zitronenverbene** | beruhigend, besänftigend, entspannend<br>milchflussanregend<br>appetitanregend, verdauungsfördernd<br>entspannend, entkrampfend, beruhigend | zum Runterkommen am Abend als Gute-Nacht-Tee, bei Nervosität, Stress und Einschlafproblemen<br>Stillbeschwerden<br>Unwohlsein, Appetitlosigkeit<br>(Säuglings-) Blähungen, allgemeine Beschwerden des Verdauungstrakts | Tee |

# Pflegende Aloe-Vera-Gesichtsmaske

Die Aloe Vera, wer kennt sie nicht? In Cremes und Masken zu finden, wird Aloe Vera im Kosmetik- und Pflegebereich oft und gerne zur Behandlung von Hauterkrankungen genutzt. Das Gel, das man aus den fleischigen Blättern gewinnen kann, enthält Aminosäuren, Enzyme, viele Mineralstoffe sowie ätherische Öle und wirkt entzündungshemmend und schmerzlindernd.

**TIPP VON DEN STADTGÄRTNERN**

**Auch bei einem kleineren Sonnenbrand kann Aloe Vera helfen! Auf die Haut aufgetragen, kühlt das Gel und wirkt wohltuend.**

## Und so geht's

**1 Aloe-Vera-Gel gewinnen:**
Die gelartige Flüssigkeit befindet sich in den fleischigen Blättern. Um sie zu gewinnen, schneide mit einem scharfen Messer ein Blatt möglichst nah am Blattansatz ab. Halte es dann am besten sofort über eine kleine Schüssel. Wenn du es nun nämlich der Länge nach aufschneidest, kann es sein, dass es tropft. Und du willst ja nichts von der wertvollen Flüssigkeit verlieren! Mit einem kleinen Löffel lässt sich das Gel nun einfach abschaben.

**2** Das Wichtigste ist bereits geschafft! Nun musst du eigentlich nur noch den Rest der Zutaten untermischen. 2 Esslöffel Speisequark oder dicker Joghurt und ein Teelöffel Honig vervollständigen die Maske. Einfach aufs gereinigte Gesicht auftragen und 5–10 Minuten einwirken lassen. Für das ultimative Pflegegefühl solltest du dir auf jeden Fall zwei Gurkenscheiben auf die Augen legen und dich zurücklehnen. Das ist ja fast wie bei einer professionellen Kosmetikbehandlung! Dann nur noch mit lauwarmem Wasser abspülen und schon sollte deine Haut sich wie neugeboren fühlen.

## Und was ist mit Tee?

Gute Frage! Denn aus fast allen Heilkräutern kannst du Tee gewinnen, der nicht nur gut schmeckt, sondern bei kleinen Wehwehchen auch wohltuend wirken kann. Aber Achtung: Die Dosierung macht's! Wie alle anderen Heilmittel auch, solltest du eine Teesorte nicht übermäßig zu dir nehmen.

**TIPP VON DEN STADTGÄRTNERN**

**Es gibt Kräuter, die schmecken einfach gut. Ob sie nun einem Heilzweck dienen oder nicht: Tatsache ist, sie sind köstlich und bieten echten Trinkgenuss. Als leckeres Erfrischungsgetränk kannst du sie im Sommer auch als Eistee trinken. So cool!**

Es gibt zwei Wege, wie aus einer Kräuterpflanze das warme, wohltuende Getränk wird:
**Frisch:** In deinem Hochbeet hast du immer frische Kräuter für leckeren Tee zur Hand. Für Kräutertees werden Wurzeln, Blätter, Blüten und Früchte verwendet.

**Jiaogulan-Tee:**
Die Jiaogulan-Pflanze wurde erst in den 1970er-Jahren von chinesischen Wissenschaftlern entdeckt. Diese trafen bei ihrer Suche nach einem Ersatz für Zucker auf ein Volk in den südlichen Bergregionen Chinas, welches überdurchschnittlich viele 100-jährige Menschen hatte. Die Forschung der Wissenschaftler brachte interessante Ergebnisse: Nicht nur, dass in den süßen Bestandteilen der Jiaogulan-Pflanze ein Ersatz für Zucker gefunden wurde, auch stand die Pflanze vermutlich in unmittelbarem Zusammenhang mit der hohen Lebenserwartung des Volks und erhielt daher den Namen »Kraut der Unsterblichkeit«. Jiaogulan enthält ähnliche Wirkstoffe wie die Ginsengwurzel, soll den Blutdruck ausgleichen, sich positiv auf den Herzrhythmus auswirken und noch viele weitere positive Wirkungen haben. Unabhängig davon überzeugt uns allein schon der herbe bis süßliche Geschmack und die vitalisierende und stimmungsaufhellende Wirkung.

**Und so stellst du den belebenden Tee her:**
Schneide zunächst etwa 10 Blätter der Kräuterpflanze ab. Übergieße diese mit 1 Liter nicht mehr kochendem Wasser und lasse den Tee etwa 5 Minuten ziehen. Anschließend heiß genießen!

**Getrocknet:** Je frischer Tee ist, desto aromatischer ist er! Trotzdem ist es eine tolle Sache, Kräuter aus deinem Hochbeet zu trocknen und für später zu konservieren. Das sichert dir den leckeren Tee auch für die kalte Jahreszeit! Denn was gibt es Gemütlicheres, als am Kamin in einer Decke eingemummelt heißen Tee zu trinken, während draußen der Schnee fällt? Wichtig: Zur Lagerung lieber Teedosen anstatt Plastikdosen verwenden. Die im Plastik enthaltenen Weichmacher können die Qualität und die Wirkung des Tees beeinträchtigen.

**Baldrian-Tee:**
Baldrian beruhigt! An diesen kurzen Merksatz kannst du dich schnell erinnern, wenn du mit innerer Unruhe, Nervosität oder Schlafstörungen zu kämpfen hast. Denn mit Baldrian hast du eine Heilpflanze in deinem Beet, die sich beruhigend auf das Nervensystem auswirkt.

**Und so stellst du den entspannenden Tee her:**
Von der Baldrian-Pflanze werden generell nicht die Blätter genutzt, sondern die Blüten und die Wurzeln. Die Wurzeln kannst du im September ausgraben, sauber putzen, in sehr kleine Stücke schneiden und zum Trocknen kühl und dunkel lagern. Ein Regal im Keller oder im Abstellraum ist ideal. Für die Herstellung des Baldrian-Tees brauchst du 1 TL von der getrockneten Wurzel. Diese übergießt du mit 1 Liter kochendem Wasser und lässt den Tee 10 Minuten ziehen. Vor dem Trinken noch kurz absieben, nach Belieben mit Honig süßen und fertig ist der wohltuende Baldrian-Tee. Tipp: Lieber abends trinken. Der Tee macht müde und lässt dich schlafen wie ein Baby!

# SÜSS & SUMMEND

*»Wenn die Biene von der Erde verschwindet, dann hat der Mensch nur noch 4 Jahre zu leben. Keine Bienen mehr, keine Bestäubung mehr, keine Pflanzen mehr, keine Tiere mehr, keine Menschen mehr.«*

- WIRD ALBERT EINSTEIN ZUGESCHRIEBEN -





Die Biene, das von vielen immer noch unterschätzte Insekt, leistet wahre Meisterarbeit. Durch die Bestäubung von Bienen und Hummeln können viele Pflanzen sich überhaupt erst vermehren. Die Biene sorgt für Vielfalt – in der Natur und in der Küche. Gäbe es die Biene nicht, würden viele Nutz- sowie Zierpflanzen nach und nach aussterben. Die Auswirkungen für Mensch und Tier sind unvorstellbar. Auch die Landwirtschaft ist auf die Bestäubung durch diese und andere Insekten angewiesen. Zum Glück kannst du einiges für den Bienenschutz tun! Mit dem Beet »Süß & summend« schaffst du ein buntes Plätzchen für Bienen und andere Insekten und leistest einen wichtigen Beitrag zum Erhalt der Tier- und Pflanzenvielfalt auf unserem Planeten. Und nicht nur das! Auch dir selbst tust du was Gutes! Schaff dir eine wahre Augenweide und einen ganz besonderen Hingucker, denn dieses Beet wird in allen Farben erblühen!

Süß &
summend

# ÜBERSICHT PFLANZEN

| | Sonne | Wasserbedarf | Nährstoffbedarf |
|---|---|---|---|
| Lavendel | ☀☀☀ | 💧 | 🌱🌱½ |
| Kapuzinerkresse | ☀☀ | 💧💧💧 | 🌱🌱🌱 |
| Zierlauch | ☀☀☀ | 💧 | 🌱🌱🌱 |
| Kornblume | ☀☀☀ | 💧💧 | 🌱 |
| Ringelblume | ☀☀☀ | 💧💧½ | 🌱🌱 |
| Borretsch | ☀☀ | 💧½ | 🌱 |

**SONNE**
- ☀☀☀ *viel*
- ☀☀ *mittel*
- ☀ *wenig*

**WASSER**
- 💧💧💧 *viel*
- 💧💧 *mittel*
- 💧 *wenig*

**NÄHRSTOFF**
- 🌱🌱🌱 *Starkzehrer*
- 🌱🌱 *Mittelzehrer*
- 🌱 *Schwachzehrer*

## BEETPLAN

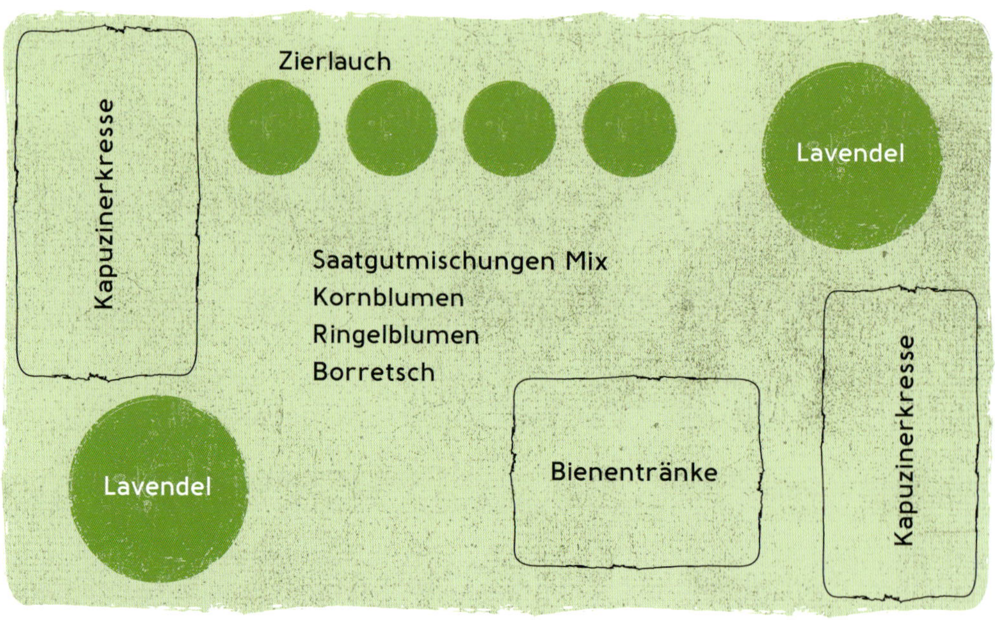

Neben den einzelnen Blumen und Stauden gibt es sehr schöne fertige Samenmischungen für eine bunte Blumenwiese bei dir im Hochbeet. Schau doch mal im Baumarkt oder der Gärtnerei nach. Von **Kiepenkerl** sind zum Beispiel die Mischungen »Münsterländer Blütenmeer«, »Sommerabend Blumen« oder »Wild- und Gartenblumen« empfehlenswert. Auch in unserem Onlineshop findest du tolle Streuwiesen, z. B. »Süß & Summend«.

## ENDE MÄRZ

**Welcome to the wild season!**
Mit »Süß & Summend« hast du dich für ein kunterbuntes, schönes und für Insekten wertvolles Hochbeet entschieden! Im Laufe der Gartensaison wird das Beet quasi explodieren und sich in einer einmaligen Farbenpracht präsentieren, sodass Bienen und Hummeln das Blütenmeer schnell entdecken werden. Doch bevor die fleißigen Bienchen aus dem Winterschlaf erwachen und sich auf die Suche nach frischem Nektar machen, kannst du die Zeit prima nutzen, um dein Beet für die kommenden Monate »flottzumachen«.

Für die Beetvorbereitung entfernst du, sofern vorhanden, Unkraut und Laub und ziehst deine Harke durch die obere Schicht der Erde. Immer schön locker bleiben, lautet die Devise. Um den Nährstoffhaushalt in deinem Hochbeet aufzupeppen, ist es sinnvoll, vor dem Start in die Gartensaison noch einmal leicht zu düngen. Arbeite bereits vollständig zersetzten Kompost oder Hornmehl in die Erde ein. So schaffst du eine optimale Grundlage für die bunte Insel in deinem Garten!

## APRIL

Jetzt geht's auch schon los. Vorkultur ist kein großes Thema in diesem Hochbeet, denn alle Blumen lassen sich direkt im Beet aussäen. Ab April können die Samen von Ringelblumen, Kornblumen und der Bienenweide Borretsch ins Beet gesät werden. Darüber hinaus gibt es eine Menge schöner Saatgutmischungen, die speziell für Bienen und andere Insekten ausgelegt sind. Auch die können ab sofort ins Beet gestreut werden. Bei der Auswahl der Saatgutmischungen ist es sinnvoll, auf Wildblumen und Kräuter zu setzen, anstatt gefüllte Blumen und Zierpflanzen wie zum Beispiel Edelrosen ins Beet zu pflanzen. Die sehen zwar gut aus, bieten aber Bienen und anderen Insekten keinen Pollen.

Um die Gartensaison und somit die Blütezeit möglichst lang auszudehnen, solltest du nicht alle Blumen zur selben Zeit aussäen. Ringel- und Kornblumen sowie Borretsch können ab jetzt fortlaufend bis Juli ausgesät werden. Das gilt übrigens für die meisten Saatgutmischungen. Wenn du Aussaattermine staffelst, sorgst du dafür, dass nicht alle Blumen zur gleichen Zeit blühen. Die Blütezeit in deinem Beet kann so deutlich in die Länge gezogen werden und die Bienen finden über einen längeren Zeitraum in deinem Beet Nektar und Pollen.

Beim Aussäen der Blumen kannst du eigentlich nicht viel falsch machen. Ein Fehler, der allerdings gerne gemacht wird, ist, gleich am Anfang zu viele Samen ins Beet zu streuen! Es ist deshalb hilfreich, sich beim Ausstreuen der Samen noch mal vor Augen zu führen, dass jede Pflanze Platz zum Wachsen braucht. Außerdem steigt sowohl das Risiko von Schädlingen als auch die Gefahr der Ausbreitung von Krankheiten innerhalb des Beets enorm, wenn die Pflanzen zu eng beieinanderstehen. Also, weniger ist manchmal mehr: Lass deinen Blumen also unbedingt genug Raum zur vollen Entfaltung!

**Eins noch:** In den folgenden Wochen sollen noch Lavendel, Kapuzinerkresse und eine Bienentränke (siehe Seite 112) den Weg in dein Hochbeet finden. Schau dir daher die Beetübersicht noch einmal an und lass genügend Platz für die Nachzügler.

**TIPP VON DEN STADTGÄRTNERN**

**Mische das Saatgut vor dem Ausstreuen mit etwas Sand. So kannst du auf deinem Beet deutlicher sehen, wo du bereits Samen ausgestreut hast und behältst einen besseren Überblick!**

## MITTE MAI

Na, hast du noch Platz im Beet? Solltest du! Denn der einzigartige Duft von Lavendel darf in deinem farbenfrohen Blumenbeet nicht fehlen. Für viele ist der Duft der Lavendelblüten untrennbar mit dem Sommer verbunden und auch Bienen lieben den wohltuenden Geruch der violetten Blüten. Nach den Eisheiligen steht einem kleinen Ausflug in die Gärtnerei nichts mehr im Weg. Suche dir hier zwei hübsche Pflanzen des Echten Lavendels aus. Dieser ist winterhart und kann auch in unseren Breitengraden im Beet überdauern. Sei unbesorgt, wenn der Lavendel zum jetzigen Zeitpunkt noch nicht in voller Blüte steht, denn sobald du ihn erst mal in dein Beet gesetzt hast, wird er ab Juni in voller Pracht erblühen und bis in den August hinein eine lila Augenweide sein.

### Lavendel ist anspruchslos

Klingt erst mal irgendwie negativ, oder? Ist es aber ganz und gar nicht. Außer Wasser am Anfang benötigt Lavendel nicht viel, um sich bei dir im Beet wohl zu fühlen. Allerdings bevorzugt Lavendel einen eher nährstoffarmen Boden. Um dem Halbstrauch die besten Bedingungen zu bieten, arbeite in eine Ecke deines Hochbeets Sand oder feinen Kies mit unter die Erde und setze die Pflanze dann an dieser Stelle ein. Du wirst sehen: Der Lavendel wird es dir mit gutem Wachstum danken und viele Jahre in deinem Beet blühen und gedeihen.

**TIPP VON DEN STADTGÄRTNERN**

**Dein Lavendel braucht jetzt viel Wasser! Am Anfang solltest du die Erde um den Lavendel stets feucht halten und ihm viel zu trinken geben. Hat er sich eingewurzelt, gehört er aber zu den genügsamen Pflanzen in deinem Beet, und du musst ihn nur selten gießen.**

**Weiter geht's:** Auch die Samen der Kapuzinerkresse können nun ins Beet. Such dir dafür eine Seite deines Beets aus, die du oft im Blick hast, denn die Kapuzinerkresse wird mit ihren tollen grünen Blättern und den bunten Blüten an deinem Beet hinabwachsen und einfach traumhaft schön aussehen! Aber Vorsicht: Kapuzinerkresse wird groß und kann beachtliche Triebe entwickeln. Setze nicht zu viele Samen ins Beet. Sobald die Samen keimen und sich zu stattlichen Pflanzen entwickeln, kannst du ihre Triebe über den Rand des Beets legen. So steuerst du den Wuchs deiner Kapuzinerkresse und verhinderst, dass sie anderen Pflanzen den Platz im Beet streitig macht.

## ANFANG JUNI

*»Blumen sind das Lächeln der Natur. Es geht auch ohne sie, aber nicht so gut.«*

- MAX REGER -

Einige deiner Blumen sollten im Juni zum ersten Mal ihre Blüte zeigen. So kannst du nun zum Beispiel die ersten Blüten des Borretschs bestaunen, die anfangs zart rosa sind und sich mit der Zeit in ein kräftiges Blau verwandeln. Nach und nach wird dein Beet immer farbenfroher. Der Monat Juni zeigt dir auch, ob du bei der Aussaat doch etwas übermütig beim Streuen der Samen warst. Wenn zu viele Pflanzen zu eng wachsen, kann ein ganz schönes Blumen-Wirrwarr entstehen. Darunter kannst du dir nichts vorstellen? Wirf mal ein Blick in dein Beet und schau, ob sich Blumen gegenseitig mit ihren Stängeln, Trieben und Blättern beim Wachsen (be-)hindern. Ist das der Fall, solltest du zu einer Gartenschere greifen und in deinem Blumendschungel etwas ausdünnen. Entferne alte Pflanzentriebe, halte Ausschau nach Unkraut und sorge für ein bisschen Ordnung in deinem Beet. Bereits sehr hoch gewachsene Blumen, die umzukippen drohen, kannst du mithilfe von Rankspiralen oder Ästen stützen. Wenn du die Blumen in deinem Beet bei regelmäßigen Kontrollgängen ein wenig in Schach hältst, unterstützt du sie gleichermaßen beim Wachstum und optimierst die Bedingungen für die Ausbildung vieler, vieler bunter Blüten!

*»Wenn Blumen, gleichgültig welcher Farbe und Form, zusammenstehen, kann niemals ein Bild der Disharmonie entstehen.«*

- VINCENT VAN GOGH -

## MITTE JUNI

Oh ja, auch die Ringelblumen fangen an zu blühen – und zwar bis in den Oktober hinein. In den ersten sechs Wochen sind die Blüten noch sehr groß; zum Herbst hin bilden sich immer kleinere Blüten – ihrer Schönheit tut das aber keinen Abbruch! Übrigens: Einzelne Blütenblätter sind auch eine tolle essbare Deko auf dem Teller!

## JULI

**»Jetzt wird's mir aber zu bunt!«**
Wenn du das denkst, hast du dir das falsche Beet ausgesucht. Nach und nach fangen die Blumen nun überall an, sich in ihrem Blütenkleid zu zeigen. Der Sommer ist da – man kann es nicht leugnen. Auch die Kapuzinerkresse hat sich an deinem Beetrand entfaltet und öffnet nun die ersten Blüten. Bis in den Oktober hinein können sich sowohl du als auch alle Bienen und Hummeln an den Blüten erfreuen!

## *Sollte man alte Blüten entfernen oder nicht?*

**Das kommt drauf an!**
Theoretisch ist es sinnvoll, von einer Pflanze die alten, verwelkten oder vertrockneten Blüten (und Triebe und Blätter) zu entfernen. Dadurch verleiht man den Pflanzen Kraft für die Ausbildung von neuen Blüten. Bei der Kapuzinerkresse allerdings könnte man dies auch unterlassen. Möchte man nämlich die Samen der Kapuzinerkresse fürs nächste Jahr sammeln, sollte man alte Blüten stehen lassen. Die Samen wachsen nämlich an den Blütenstielen. Wenn sie reif sind, fallen sie von ganz alleine von der Pflanze ab und können aus dem Beet gesammelt werden. In Papiertüten aufbewahrt, können diese im nächsten Jahr erneut gepflanzt werden!
Ähnlich verhält es sich übrigens beim Borretsch. In jeder Blüte verstecken sich mehrere Samen, die du dir fürs nächste Jahr aufheben kannst.

**Ist da etwa noch Platz?**
Falls du noch eine kahle Stelle in deinem Beet entdeckst, kannst du jetzt noch einmal Samen ausstreuen.

## ENDE AUGUST

Dein Beet steht in voller Blüte und du denkst wahrscheinlich noch nicht ans nächste Jahr. Doch wir haben einen kleinen Tipp für dich: Möchtest du die neue Saison gleich mit einem tollen Farbakzent in deinem Beet beginnen, wäre jetzt der richtige Zeitpunkt, um die Zwiebeln des Zierlauchs zu setzen. Denn dann haben sie noch genug Zeit, sich vor dem Wintereinbruch richtig einzuwurzeln. Im Frühling des nächsten Jahres werden sie dann erblühen – und zwar mit einer wundervollen großen Blüte, die bei den besonders großen Sorten 25 cm Durchmesser erreichen kann. Ist das nicht fantastisch?

## SEPTEMBER/OKTOBER

*»Hat die Blume ein Knick, war die Biene wohl zu dick.«*

Es summt und brummt in deinem Hochbeet ... Emsige Bienchen und fleißige Hummeln erfreuen sich an deinem bunten Blumenbeet. Ist es nicht eine wahre Freude, mit anzusehen, wie gut sie es haben? Es ist an der Zeit, dir selbst mal ordentlich für deine gute Tat und deine Mühen auf die Schulter zu klopfen, denn mit diesem Beet tust du wirklich was Gutes!

Viel zu tun hast du eigentlich nicht mehr im Hochsommer. Lediglich für etwas Ordnung sorgen, alte Triebe abknipsen, vertrocknete Blüten abschneiden, Unkraut entfernen und regelmäßig wässern. Obwohl ... Halt! Eine ganz wichtige Sache solltest du definitiv den ganzen Sommer über machen. Etwas, das du auf keinen Fall vergessen darfst. Und zwar: dich an deinem Beet erfreuen – jeden Tag und immer wieder!

AUGUST | SEPTEMBER | OKTOBER

## NOVEMBER

Es ist schon wieder so weit. Eine erfolgreiche Gartensaison neigt sich dem Ende zu. Die meisten Blüten sind verwelkt und die bunte Blumenwiese schrumpft langsam wieder in sich zusammen. Es ist an der Zeit, das Beet für den Winter vorzubereiten.

Die meisten Blumen sind einjährig und nicht winterhart. Du solltest die abgestorbenen Pflanzenreste deshalb zum Winter hin entfernen und kompostieren. Außer beim Borretsch. Lässt du diese Pflanzen stehen, bis sie völlig verblüht sind, fallen die Samen ins Beet und säen sich von selbst neu aus. Wie sagt man so schön? Einmal Borretsch, immer Borretsch.

Lavendel ist mehrjährig und winterhart und kann daher im Beet stehen bleiben. Zum Schutz vor den eisigen Temperaturen, die in den kommenden Monaten auf ihn warten, kannst du ihn mit etwas Mulch oder Reisig abdecken. Die Erde um den Lavendel herum solltest du vorher aber noch mit einer Harke auflockern.

Die Zugabe von (fast voll zersetztem) Kompost im Herbst sichert dir einen nährstoffreichen Boden in der kommenden Gartensaison. Um die Nährstoffe auch im Beet zu halten, ist es empfehlemswert, dein Hochbeet mit Laub abzudecken.

# Die Bienentränke

**Bee helpful**

Fleißige Bienchen brauchen Wasser. Zwar nehmen Bienen ein Großteil der benötigten Flüssigkeit über den gesammelten Nektar zu sich, doch dies reicht oft nicht aus, um die Brut zu ernähren, den eigenen Durst zu stillen und nebenbei auch noch den Bienenstock zu kühlen. Hinzu kommt: In besonders heißen Sommermonaten sind (vor allem in der Stadt) geeignete Wasserstellen für Bienen gar nicht so leicht zu finden. Große Behälter wie Regentonnen oder Gießkannen fallen als Tränke schon mal weg, da Bienen nicht schwimmen können. Zur Wasseraufnahme müssen sie richtig landen und sich »setzen«. Doch Pfützen gibt es kaum, Seen oder Teiche sind rar und Morgentau gab es schon seit Monaten nicht. Da kommst du ins Spiel. Werde selbst aktiv und baue den Bienen eine geeignete Tränke. Diese kannst du direkt im Hochbeet platzieren, indem du beim Säen der Blumen eine Ecke aussparst. Die Bienen werden bestimmt auf sie fliegen!

### DAS BRAUCHST DU:

- eine flache Schüssel
- kleine Steine, Kies oder Kork als »Schwimmer«
- frische Kräuter und Moos oder kleine Äste als »Badeinseln«
- Wasser

### DAS MUSST DU BEACHTEN:

- Es muss immer ausreichend Wasser in der Tränke sein.
- Das Wasser sollte regelmäßig gewechselt werden.
- Die Tränke sollte an einem sonnigen, windstillen Ort stehen, im Idealfall in der Nähe von Blumen. In deinem Hochbeet findet die Tränke also einen perfekten Platz!
- Tote Mücken und andere Kleintiere solltest du immer sofort entfernen, damit sie nicht verwesen.

## Und so geht's

**1** Suche dir einen geeigneten Platz für deine Bienentränke. Du hast in deinem Beet eine Ecke frei von Blumen gelassen? Perfekt! Die Erde kurz ebnen oder eine alte Fliese als Unterlage benutzen und die Tränke gerade platzieren.
**2** Frische Kräuter hacken und unter das Moos mischen.
**3** Nun nur noch Wasser einfüllen und die Moos-Badeinseln platzieren. Schon ist deine Bienentränke fertig!

### TIPP VON DEN STADTGÄRTNERN

**Du kannst die Tränke natürlich auch anderswo in der Nähe deines Hochbeets platzieren oder ans Beet hängen. Ganz wie es die Umgebung eben hergibt.**

Summend

## Ein Insektenhotel selber bauen

Die Bienen haben es echt gut bei dir! Frischer Nektar, frisches Wasser ... was will man mehr? Eine Kleinigkeit gäbe es tatsächlich noch, die du deinen bedrohten Freunden bieten kannst: Eine Herberge! Versuche dich als Hotelier und baue deinen Restaurantgästen mit einigen Handgriffen auch noch ein Hotel der Extraklasse!

**DAS BRAUCHST DU:**

- Bambus
- Schilf (alternativ: Strohhalme)
- Sisalseil (alternativ: Gummibänder)
- Watte
- 1 m Baumstamm, Ø mind. 15 cm
- kein Nadelholz! Ideal ist das Holz von Buche, Eiche oder Esche
- zwei Holzkisten
- 10 Nägel
- jede Menge dünner Äste
- Baumrinde (optional)

**WERKZEUGE:**

- Säge
- Schleifpapier
- Bohrmaschine
- Hammer

## Und so geht's

**1** Bambus bündeln: Nimm dir 20–30 Bambusstäbe und bündele sie mithilfe eines Sisal-Bands oder Gummis. Bereite so 5 Bündel vor. Passe die Bündel mit einer Säge der Tiefe der Holzkiste an. Die geschlossenen Seiten kommen an die Rückwand der Kiste. Fertig? Dann darfst du nun in derselben Vorgehensweise 5 Bündel aus Schilf herstellen. Hier kannst du etwa 50 bis 60 Röhrchen pro Einheit verwenden.

**2** Wie heißt es so schön? Sägespäne sind der Feenstaub des Mannes. Na dann mal los! Jetzt musst du die Baumstämme zurechtsägen – und zwar so, dass Stücke entstehen, die aufrecht stehend in eine quer stehende Holzkiste hineinpassen. Ist das erledigt, schnappst du dir die Bohrmaschine und bohrst in die Stämme unzählige Löcher, jeweils zwei bis neun Millimeter breit und etwa zehn Zentimeter tief. Wichtig: Du solltest dabei immer quer zur Faserung des Stamms bohren.

**TIPP VON DEN STADTGÄRTNERN**

Statt einem Baumstamm tun es auch Holzblöcke. Aber auch diese müssen kürzer sein als die schmalen Seiten der Holzkisten.

**3** Alles ist so weit vorbereitet, also geht es jetzt ans (Hoch-)Stapeln. Stelle die Kisten Längsseite auf Längsseite aufeinander, sodass die Öffnungen nach vorne zeigen. Mit dem Hammer und ein paar Nägeln verbindest du die Konstruktion.

**4** Nun geht's ans Eingemachte: Befülle die Hotelräume mit den vorbereiteten Holzstämmen bzw. -blöcken. Die gebohrten Löcher müssen natürlich nach vorne zeigen! Nimm dir kleinere Äste oder Reisig, um die Zwischenräume zu füllen. Auch deine vorbereiteten Bündel kommen nun zum Einsatz. Stecke sie in die übrigen Öffnungen der Kisten. Fertig? Fast! Schließe nun auch die restlichen etwaigen Löcher mit Baumrinde. Abschließend wird dem Ganzen der Deckel in Form von Baumrinde oder sonstigem schützenden Material aufgesetzt.

**TIPP VON DEN STADTGÄRTNERN**

Das Dach schützt vor Regen! Denn wer mag es schon, wenn es ins Hotelzimmer tropft? Und: Platziere die Kisten an einem möglichst sonnigen und geschützten Ort. Bienen mögen wohlig warme Temperaturen in ihren Zimmern.

# DAS KLEINE
# Garten-Wiki

**Anhäufeln**
Anhäufeln ist kinderleicht und lohnt sich. Einfach die Erde um den Haupttrieb herum mit den Händen etwas hochdrücken, sodass ein kleiner Hügel entsteht. Das funktioniert am besten, wenn die Erde leicht feucht ist. Die Pflanze wird so standfester und – noch viel wichtiger – sie kann mehr Seitenwurzeln bilden und dadurch viel mehr Wasser und Nährstoffe aufnehmen. Ein kleiner Handgriff mit einer großen Wirkung also!

**Brennnesseljauche**
Pflanzenjauchen entstehen durch das Vergären von Pflanzenteilen in Wasser. Die Brennnesseljauche zählt wohl zu den bekanntesten Pflanzenjauchen und ist einer der meist genutzten organischen Dünger. Unter Hobbygärtnern genießt sie große Beliebtheit, denn sie ist ein Naturprodukt, kostenlos und leicht selbst herzustellen.

**Warum solltest du mit Brennnesseljauche düngen?**
Brennnesseljauche gibt deinen Pflanzen Kraft! Der natürliche Dünger enthält Stickstoff, Kalium und viele weitere wichtige Mineralien, die deinen nährstoffliebenden Pflanzen einfach guttun. Außerdem kann die Jauche bei der Bekämpfung von Schädlingen helfen.

**Das brauchst du zur Herstellung von Brennnesseljauche:**
1. Frische Brennnesseltriebe
2. Wasser

**Und so stellst du Brennnesseljauche her:**
Schneide die Brennnesseln mit einer Schere klein (Achtung: Gartenhandschuhe benutzen!) und fülle sie in ein großes Gefäß. Eine alte Regentonne oder ein alter Eimer eignen sich hervorragend. Wenn das Gefäß locker und bis oben mit Brennnesseln gefüllt ist, gieße nun Wasser (am besten Regenwasser) über die Brennnesseln und rühre ein paarmal kräftig um, bis alle Pflanzenteile mit Wasser bedeckt sind. Nun musst du das Gefäß luftdurchlässig abdecken und die Jauche 10–14 Tage ziehen lassen. Wichtig: Einmal täglich umrühren! Fertig ist die Brennnesseljauche, sobald beim Umrühren keine Bläschen mehr aufsteigen.

**Und so nutzt du die Jauche:**
Es gibt zwei gängige Methoden, wie du die Jauche anwenden kannst:
1. **Zur Düngung: Mische etwas Brennnesseljauche und das Gießwasser im Verhältnis 1:10 und wässre die Pflanzen in regelmäßigen Abständen damit.**
2. **Zur Schädlingsbekämpfung: Hierfür lässt du die Brennnesseln nur 12–24 Stunden ziehen und füllst diesen noch nicht vergorenen Brennnesselsud in eine Sprühflasche und benetzt befallene Pflanzen damit.**

**Direktsaat**
Der Begriff »Direktsaat« kommt eigentlich aus dem Ackerbau, wo er das Ausbringen der Saat ohne vorhergehende Bodenvorbereitung, zum Beispiel Pflügen oder Eggen, beschreibt. Beim Gärtnern meint Direktsaat die direkte Aussaat der Samen ins (Hoch-)Beet ohne Vorkultur. Die Direktsaat bietet sich nicht für jede Pflanze an; für individuelle Aussaatmöglichkeiten solltest du immer die Pflanzanleitung auf dem Samentütchen studieren.

**Dunkelkeimer**
Als Dunkelkeimer werden Pflanzen bezeichnet, deren Samen für die Keimung Dunkelheit benötigen. Für die Aussaat bedeutet das, dass die Samen dieser Pflanzen in die Erde gesteckt und mit Erde bedeckt werden. Wie tief hängt von der Pflanze ab. Zusätzlich benötigen alle

Pflanzen für die Keimung Wasser, Wärme und Sauerstoff. Detaillierte Angaben zu den optimalen Keimbedingungen findest du in der Regel auch immer auf dem Saattütchen.

**Düngen**

Damit Pflanzen wachsen und gedeihen, benötigen sie Nährstoffe. Wenn du dein Hochbeet gerade erst angelegt und befüllt hast, sind allein durch die Komposterde schon reichlich Nährstoffe vorhanden. Das Düngen kann auf ein Minimum beschränkt werden und starkzehrende Pflanzen können trotzdem gut gedeihen. Damit der Boden mit der Zeit nicht auslaugt, solltest du den Nährstoffgehalt aber ab und an wieder auffüllen, also düngen. Es gibt zwei verschiedene Arten der Düngung: Organische und mineralische Düngung. Hier findest du die Vor- und Nachteile kurz im Überblick:

| | Vorteile | Nachteile | Beispiel |
|---|---|---|---|
| **Organische Düngung** | natürlich/ökologisch<br>(pflanzlicher/tierischer Ursprung)<br>langfriste Erhaltung und Aufbesserung der Bodenstruktur<br>hilft, Nährstoffgehalt im Beet dauerhaft hoch zu halten<br>schafft Nahrung für Mikroorganismen<br>hohe Pflanzenverträglichkeit<br>in richtiger Dosis unschädlich für Mensch, Tier und Umwelt | kaum Sofortwirkung | Kompost<br>Hornspäne/Hornmehl<br>Stallmist<br>Jauche<br>Guano<br>Vinasse<br>Gründüngung |
| **Mineralische Düngung** | einfach in der Handhabung<br>sofortige Wirkung<br>kann gezielt bei diversen Mängeln eingesetzt werden | chemisch/künstlich – wird industriell hergestellt<br>nicht über längere Zeiträume empfehlenswert<br>kurze Wirkungsdauer, die schnell wieder nachlässt<br>muss vor Kindern und Haustieren gesichert aufbewahrt werden<br>bei Überdüngung umweltschädigend, da er nicht komplett zersetzt wird und ins Grundwasser gelangt | Blaukorn<br>Bittersalze<br>Kalkstickstoff |

**TIPP VON DEN STADTGÄRTNERN**

1x wöchentlich Brennnesseljauche aufs Beet gießen ist ein Garant für langfristig guten Boden! Das Düngen mit organischem Dünger wie Kompost sollte 1x vor der Gartensaison im Frühjahr und 1x nach der Gartensaison zum Winter hin stattfinden.

### Gießen

Wasser ist (wie Sonne und Nährstoffe) überlebenswichtig für alle Pflanzen! Dabei hat jede Pflanze ihren ganz individuellen Wasserbedarf. Jeweils zu Beginn der in diesem Buch aufgeführten Beete findest du eine Übersicht der Pflanzen mit einer Info zu ihrem Sonnen-, Wasser- und Nährstoffbedarf. Richtig gießen ist kein Hexenwerk, solange du dich auf die individuellen Bedürfnisse einstellst. Beachtest du dann noch ein paar allgemeine Tipps und Tricks, wirst du schnell zum Gießprofi:

- der richtige Zeitpunkt: Optimal ist es, die Pflanzen am Morgen zu gießen. Bei der Mittagshitze verdunstet das Wasser wegen der hohen Temperaturen zu schnell. Außerdem droht Sonnenbrandgefahr! Optional ist das Gießen am Abend ebenfalls möglich, das Risiko von Pilzinfektionen erhöht sich dadurch allerdings.
- das richtige Gieß-Werkzeug: Die gute alte Gießkanne ist ideal zum Gießen deines Hochbeets. Anders als mit dem Gartenschlauch kannst du so gezielter und weicher gießen. Wichtig: Immer eher die Wurzel der Pflanze oder zwischen die Pflanzen gießen, nie von oben auf die Blätter und Triebe! Pilzinfektionen haben es leichter auf feuchten Pflanzen.
- das richtige Wasser: Am allerliebsten mögen deine Pflanzen Regenwasser! Praktisch, denn das gibt es ganz umsonst. Für das Auffangen von Regenwasser gibt es über die normalen Regentonnen hinaus auch andere, attraktivere Behältnisse, wie alte Weinfässer oder Zinkwannen.

### Kulturdauer

Als Kulturdauer wird die Zeit von der Aussaat bis zur Fruchtreife einer Pflanze bezeichnet, also die Zeit von Wachstumsbeginn bis zur Ernte.

### Lichtkeimer

Als Lichtkeimer werden Pflanzen bezeichnet, deren Samen für die Keimung Licht brauchen. Für die Aussaat dieser Pflanzen bedeutet das, dass die Samen nur oberflächlich auf die Erde gelegt und leicht angedrückt werden. Bedeckt man sie mit Erde, sollte man sich merken: Die Erdschicht darf allerhöchstens so dick sein, wie die Samen selbst. Deshalb am besten gar nicht mit Erde bedecken, sondern mit einer Sprühflasche feucht halten und sie so am Boden fixieren. Zusätzlich benötigen alle Pflanzen für die Keimung Wasser, Wärme und Sauerstoff. Detaillierte Angaben zu den optimalen Keimbedingungen findest du in der Regel auf dem Saattütchen.

### Pflanzenpflege

Von der Aussaat bis zur Ernte und darüber hinaus brauchen deine Pflanzen viel Pflege. Damit ist nicht gemeint, dass du sie jeden Tag streicheln und ihnen ein Gutenachtlied singen sollst. Vielmehr solltest du darauf achten, dass du welke oder vertrocknete Pflanzenteile und Blätter regelmäßig entfernst. Diese entziehen der Pflanze unnötig Kraft, die sie an anderer Stelle zum Wachsen braucht. Auch das kontrollierte Zurückschneiden und Stutzen wirkt sich positiv aus.

dass du die Pflanze beim Wachsen (unter-)stützt. Mithilfe von Stöcken oder Rankhilfen kann die Pflanze gestärkt und ihr gleichzeitig eine Wuchsrichtung vorgegeben werden.

dass du zwischen den Pflanzen im Beet für eine unkrautfreie Zone sorgst, indem du die Erde gelegentlich mit einer Handharke auflockerst.

### Pikieren (auch »Vereinzeln«)

Der Begriff »Pikieren« stammt aus dem Französischen und wird aus der Vokabel »piquer« hergeleitet, was so viel bedeutet wie »stechen«. Es ist eine sehr wichtige Maßnahme bei der Vorkultur von Pflanzen und bezeichnet das Verpflanzen von zu dicht stehenden Sämlingen auf größere Abstände. Der Vorgang wird entsprechend auch als »Vereinzeln« bezeichnet.

Beim Herausnehmen der Sämlinge muss man zwar vorsichtig sein, kleinere Verletzungen der Wurzel regen sie aber sogar zum weiteren Wachstum an. Zum Pikieren wird ein sogenannter »Pikierstab« zu Hilfe genommen, den es im Pflanzenfachhandel zu kaufen gibt. Alternativ eignen sich aber auch ein Gemüsespieß, eine Stricknadel oder ähnliche Werkzeuge aus dem Haushalt.

**Wann ist der richtige Zeitpunkt zum Pikieren?**
Sobald die Pflanzen nach den Keimblättern die ersten Laubblätter ausgebildet haben. Das gilt sowohl für die Aussaat in Anzuchttöpfen als auch für die Direktaussaat im Beet.

**Und so geht's:**

1. **Hebe die eng nebeneinander stehenden und ineinander verwurzelten Sämlinge an einem Keimblatt an und trenne sie vorsichtig voneinander. Das Ergebnis: Viele kleine einzelne Sämlinge. Als Werkzeug hilft dir der Pikierstab.**

2. **Kontrolliere, ob die Sämlinge alle gut aussehen und gesund sind und kürze dann die Wurzeln ein wenig. Dies regt das Wurzelwachstum weiter an. Schwache oder kranke Sämlinge solltest du gleich aussortieren.**

3. **Die verbleibenden Sämlinge werden nun in einzelne Anzuchttöpfe bzw. bei der Direktsaat im Beet in genügend großem Abstand zueinander wieder eingepflanzt. Bereite dazu in der Erde vorher kleine Löcher mit dem Pikierstab vor. Nun kannst du die Sämlinge einsetzen! Aber Obacht: Die Wurzeln sollten senkrecht in die Erde eingesetzt werden und der Wurzelansatz unter der Erde liegen. Nun schließt du das Loch mithilfe des Pikierstabs, drückst die Erde vorsichtig an und gießt den Sämling.**

**(In) Reihe säen**
Die Reihensaat ist eine Aussaatmethode, die im Ackerbau mithilfe von Aussaatmaschinen vorgenommen wird. Im Gartenjargon spricht man von »in Reihen säen«, wenn man das Saatgut (also die Samen) in vorgezogene Rillen in Reihen in seinem Beet ablegt. Die Rillen bereitet man vorher mit der Hand oder einem Gartenwerkzeug vor. Die Reihensaat hat den Vorteil, dass man die Übersicht im Beet behält. Du weißt so immer genau, wo welche Pflanze keimen und wachsen sollte. Unkraut kannst du viel schneller als solches ausmachen und zwischen den Reihen kann der Boden regelmäßig und einfacher aufgelockert werden.

**Vereinzeln**
siehe »Pikieren«

**Vergeilen**
Pflanzen brauchen Licht! Vor allem bei der Vorkultur auf der Fensterbank ist es den Pflanzen manchmal noch zu dunkel. Auf ihrer Suche nach Licht bilden sie lange, dünne Triebe aus, vernachlässigen gleichzeitig das Blatt- und Wurzelwachstum und werden anfällig für Krankheiten. Kurz: Sie »vergeilen«. Leider kommt dann auch das Bilden von Früchten und Knollen zu kurz, weshalb das »Vergeilen« unbedingt vermieden werden sollte. Ziehe deine Pflanzen also nicht früher vor, als es auf den Samentütchen empfohlen wird. Auf der Fensterbank ist es zwar ganzjährig warm genug, aber bis zum Vorfrühling für die meisten Arten zu dunkel.

**Vollreife**
Als Vollreife wird der Zeitpunkt bezeichnet, an dem die Pflanze den höchsten Grad der Reifung erreicht hat. Das heißt: Die Beerenfrüchte sind am süßesten, die Tomaten knallrot, die Kräuter am aromatischsten und die Blumen in voller Pracht entfaltet. Dieser Zeitpunkt variiert von Pflanze zu Pflanze.

**Vorkultur**

Die Vorkultur ist sozusagen die alternative Aussaatmethode zur Direktsaat. In der Vorkultur werden Samen in Anzuchttöpfe gesät und auf der Fensterbank oder im Mini-Gewächshaus zum Keimen gebracht. So können Pflanzen in einem beschützten, warmen Raum ausgesät werden. Haben die Sämlinge eine stattliche Größe erreicht, können sie ins Freie umgesiedelt werden. Die Vorkultur bietet sich vor allem bei Pflanzen an, die frostempfindlich sind und nicht vor den Eisheiligen Mitte Mai ins Freiland dürfen. Zieht man die Samen bereits einige Wochen vorher auf der Fensterbank heran, kann man die Erntezeit im Beet deutlich früher erreichen. Netter Nebeneffekt: Wer zu Hause schon im Frühjahr mit der Vorkultur beginnt, kann eher in die Gartensaison starten und muss sich nicht bis Mitte Mai in Geduld üben!

**Wuchszentrum**

Das Wuchszentrum, auch Herz der Pflanze genannt, bezeichnet den Bereich, aus dem die Pflanze neu austreibt. Dieser darf beim Rückschnitt im Herbst nach Möglichkeit nicht verletzt werden, denn die Gefahr, dass die Pflanze sich im nächsten Jahr nicht wieder ausbildet, ist groß. Das gilt allerdings nicht für alle Pflanzen, Schnittlauch kann man zum Beispiel komplett »abrasieren« und er treibt trotzdem wieder aus.

# AUF **WIEDERSEHEN!**

Eine Gartensaison neigt sich dem Ende zu und du hast eins, mehrere oder vielleicht sogar alle der fünf Beete erfolgreich nachgegärtnert! Wie immer, wenn man etwas Neues ausprobiert hat, gab es mit Sicherheit Höhen und Tiefen. Du hast geschwitzt, motiviert geharkt, zwischendurch das Wetter verflucht und abends erschöpft versucht, deine Hände wieder sauber zu bekommen. Doch das war längst nicht alles: Du hast auch viel frische Luft eingeatmet, hast den Kopf frei gekriegt, Pflanzen gepflegt und gehegt, sie beim Wachsen begleitet und die Verantwortung für sie übernommen. Und das Beste: Du hast das einmalige Hochgefühl der ersten eigenen Ernte erlebt!

Welches unserer Beete hat dir persönlich am besten gefallen und welches hast du nachgemacht? Wenn du während der Saison Fotos gemacht hast, freuen wir uns, wenn du diese inklusive deiner eigenen Erfahrungen auf unserer Facebook-Seite (@diestadtgaertner) oder auf Instagram (#diestadtgaertner) mit uns teilst . Wir – und sicher auch andere Hobbygärtner – freuen uns ebenfalls über deine ganz persönlichen Gärtnertipps und -tricks, Verbesserungsideen und deinen Lieblings-Gartenspruch. Sind Fragen offen geblieben? Dann schreibe uns gerne eine Nachricht an hallo@diestadtgaertner.de.

Gärtnern ist eine Wissenschaft für sich und dieses Buch zeigt sicher nur einen winzigen Teil davon. Doch wir hoffen, dass wir deine Lust am Gärtnern wecken konnten und du dich auch im nächsten Jahr an einem der fünf Beete versuchst, oder dich mit eigenen Ideen in deinem Hochbeet austobst. So oder so – wir wünschen dir viel Spaß beim Buddeln und stets eine reiche Ernte!

Für mehr Grün
im Grau

# DANKSAGUNG

Auch wenn es manchmal anstrengend ist und unsere Freundschaft zueinander auf die Probe stellt, sind wir sehr dankbar dafür, jeden Tag das tun zu dürfen, was uns Spaß macht, und selbstbestimmt unseren Weg gehen zu können. Das alles ist aber nur möglich dank:

- **dem Rückhalt und dem Verständnis unserer Familien,**
- **unserer großartigen Mitarbeiter. In diesem Fall vor allem dank Lotta Repenning (Text) und unserem freien Fotografen Robert Schlossnickel (die saustarken Fotos),**
- **der vielen netten Geschäftspartner, Zulieferer und Kunden,**
- **der Lebenshilfe in Nordhorn.**

Ganz besonders möchten wir uns an dieser Stelle aber bei Helga und Karl bedanken, die uns erlaubt haben, auf ihrem wunderschönen Grundstück die Beete aufzubauen, die Fotos zu machen, und die auch beim Gärtnern ordentlich mitgeholfen haben. Wir sind dankbar für die Gartentipps, das regelmäßige Gießen, die vielen leckeren Stücke selbst gemachten Kuchens und die unbändige Gastfreundschaft, die sie uns entgegengebracht haben. Ohne diese wunderbar zufällige Begegnung, die von Helga liebevoll als »Schicksal« beschrieben wurde, hätte es dieses Buch niemals gegeben. Vielen, vielen Dank!

# ÜBER DIE **STADTGÄRTNER**

Seit 2011 widmen sich **die Stadtgärtner** nun schon ihrem Ziel, mehr Grün ins Grau zu bringen. Gegründet von Derk, Jan und Torge begann das Abenteuer mit dem Verkauf handgerollter Samenbomben bei DaWanda (http://bit.ly/hochbeet-1). Schon bald bekamen die Produkte ein eigenes Zuhause auf www.diestadtgaertner.de und wuchern seitdem weiter ins Internet hinein. Seit Ende 2013 wird sogar Amazon begrünt (http://bit.ly/hochbeet-2).

Um das Produkt bekannter zu machen, wagten die Stadtgärtner sich 2013 aus der Deckung des Internets heraus und begannen, auf Messen zu gehen und Einzelhändlern von den blühenden Geschäften durch Samenbomben vorzuschwärmen. Über Essen ging es nach München, Hamburg, Düsseldorf und Frankfurt. Geschlafen wurde in einem alten Bulli (Januar, unbeheizt, gefühlte -15 °C, brrr) und geduscht wurde im Schwimmbad. Aber es hat sich gelohnt, denn kurze Zeit später konnten die Samenbomben bei Globetrotter, dem ersten Händler, im Ladengeschäft bestaunt werden. Was für ein Gefühl!

In der Zwischenzeit ist auch das Sortiment der Stadtgärtner gewachsen. Zu den Samenbomben gesellten sich Stecklinge, Minigärten, Saatgeschwister, blühende Grußkarten, Streuwiesen und sogar ausgewachsene Pflanzen. So verschieden die Produkte sind, haben sie dabei alle eine Gemeinsamkeit – sie sorgen für mehr Grün im Grau.

Auch räumlich haben die Stadtgärtner sich verändert. Aus einem dunklen Kellerraum sind sie auf einen alten Bauernhof in Nordhorn umgezogen, wo die Samenbomben jetzt gerollt werden. Konfektioniert und verschickt wird in der örtlichen Lebenshilfe und die Büroarbeit wird vor allem in Lübeck erledigt. Noch Fragen? Dann guck doch mal auf der Homepage vorbei: www.diestadtgaertner.de. Oder schreib eine Mail an hallo@diestadtgaertner.de.

# REGISTER

# IMPRESSUM

Bibliografische Information der Deutschen Bibliothek.

Die Deutsche Bibliothek verzeichnet diese Publikation in der Deutschen Nationalbibliografie.

Detaillierte bibliografische Daten sind im Internet über http://www.dnb.de/ abrufbar.





EIN BUCH DER EDITION MICHAEL FISCHER

3. Auflage 2022



Covergestaltung, Layout und Satz: Michaela Zander
Projektmanagement: Anna Schmitt, Anja Sommerfeld
Texte: Lotta Repenning
Lektorat: Stefanie Syren, Freising
Fotos: Robert Schlossnickel (www.robertschlossnickel.de/), mit Ausnahme von S. 115: David Jankowiak

Illustrationen: Magnia/shutterstock (Wellenlinien); Elina Li/shutterstock (Bienchen); Qilli/shutterstock (Florale Elemente); Kseniia Voropaeva/shutterstock (Hochbeet); light_s/shutterstock (Bohnenhülsen); airdynamic/shutterstock (Gießkanne); Natasha Pankina/shutterstock (Gartengeräte); Ola_view/shutterstock (Gemüse); Abstractor/shutterstock (Hintergrundstruktur); Irina Strelnikova/shutterstock (Kohl, Möhren); shooarts/shutterstock (Blätter, Zwiebeln); Miloje/shutterstock (Hintergrund Tipps); Nikitina Karina/shutterstock (Wurzelgemüse); Anastasiia Veretennikova/shutterstock (Form Tipps); Sopelkin/shutterstock (Lavendel); graphixmania/shutterstock (Symbole Pflanzenübersicht)

ISBN 978-3-96093-267-3

Gedruckt bei Polygraf Print, Čapajevova 44, 08001 Prešov, Slowakei

www.emf-verlag.de